大阪をぐるぐる走る
JR大阪環状線

大阪

京都の市街地を
くまなく走る、
市営バス

京都

東京と日光・鬼怒川
方面をつなぐ、東武
鉄道のスペーシア

日光

都心を網の目のよう
に結ぶ地下鉄

東京

鎌倉

海沿いを走る
江ノ島電鉄線

事前学習に役立つ

みんなの修学旅行

東京

監修：山本 博文
（東京大学教授）

小峰書店

目次

東京ってどんなところ?
東京の地理 …………………………… 4
東京の産業・食文化 ………………… 5
東京の歴史 …………………………… 6

東京を楽しむ！ コースづくりのコツ ………… 8

テーマ別に見る東京の名所①	日本の中枢をめぐろう！ …………………… 10
テーマ別に見る東京の名所②	江戸のおもかげをめぐろう！ ……………… 16
テーマ別に見る東京の名所③	文明開化のおもかげをめぐろう！ ………… 24
テーマ別に見る東京の名所④	文化・情報の発信地、東京 ………………… 28

東京ディズニーリゾートへ行こう！ ………… 36

東京のグルメ …………………… 38
東京の小物 ……………………… 40
東京マメじてん ………………… 41
名所さくいん …………………… 44

修学旅行の前に知っておきたい！ 文化財の基礎知識

文化財の種類
文化財とは、歴史的、芸術的に価値の高い建造物や美術品、遺跡、そして演劇や音楽などのことで、国が定める「文化財保護法」で守られています。ひと口に文化財といっても、種類はさまざま。ここでは、この本でよく登場する文化財について説明します。

重要文化財
建築物や絵画、彫刻、工芸品などの美術工芸品のうち、重要なものが指定される。

国宝
重要文化財に指定されるもののうち、さらに価値が高く、重要なもの。

史跡
貝塚や古墳、城跡、歴史上の人物の旧宅など、歴史的に重要な場所が指定される。

特別史跡
史跡の中でも、とくに重要なもの。

名勝
庭園や橋など人工的につくられたもの、海浜や山など自然のもののうち、景観が美しく、重要なものが指定される。

特別名勝
名勝に指定されるもののうち、さらに価値が高く、重要なもの。

※ここで紹介しているもののほかに、演劇や音楽、工芸技術などが指定される無形文化財（さらに価値の高い重要無形文化財をもつ人が「人間国宝」とよばれる）、長い歴史をもつ祭りなどが指定される民俗文化財などがある。

この本で紹介している施設などの休館日、拝観できる時間、最寄りの駅やバス停の名称、検索サイトなどは変更になる場合があります。必ず確認してからお出かけください。

この本に出てくるスポットをチェック!

この本で紹介している名所の一覧です。各地の読み方や見どころは、登場するページでチェックしてください。

東京ってどんなところ？

日本の首都・東京都は人口約1330万人、国内一の大都市です。皇居があり、政治、経済のほか、文化、情報の中心でもあります。

東京の地理

特別区である23区と、26市5町8村からなる東京都

東京都は関東平野の南部に位置し、総面積は全国で45位の2194.05km²です。23の特別区と西部の26市3町1村の多摩地域に加え、伊豆諸島や、都心から約1000kmはなれた小笠原諸島など、太平洋にうかぶ島々にある2町7村の島しょ地域から成り立っています。日本最東端の南鳥島、最南端の沖ノ鳥島も東京都の一部です。

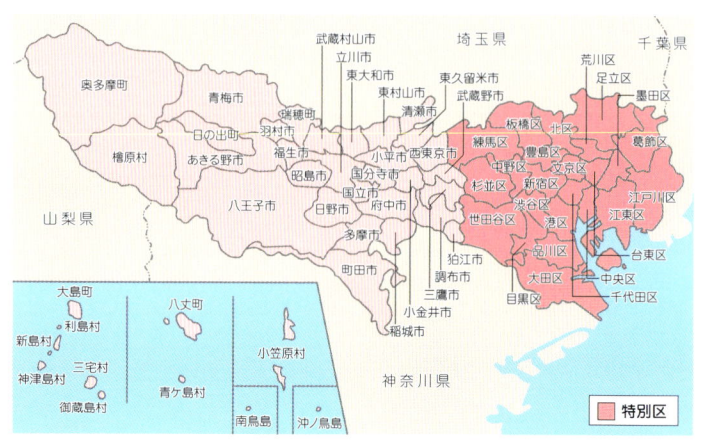

国の重要機関が集まる、日本の首都！

東京の中心部である千代田区には、皇居があり、その西側に最高裁判所、南側には国会議事堂と総理大臣官邸があります。司法、立法、行政の「三権」それぞれの最高機関が集中しているのです。また、内閣府や財務省、外務省など1府11省1庁の行政機関も、新宿区市谷にある防衛省以外はすべて千代田区にあります。紙幣を発行する日本銀行は、中央区日本橋にあります。

▶くわしくは10ページから

キーワード

【東京都の人口】
東京都はおよそ1403万人（2022年6月現在）の人々がくらす世界有数の大都市だ。人口密度は1km²あたり約6394人と、日本の都道府県のなかでもっとも高い。また、18世紀には江戸の人口は約100万人で、イギリスのロンドンやフランスのパリをしのぐ、「世界最大の都市」だった。

【鉄道の乗降客数】
JR東日本、小田急電鉄、京王電鉄、東京メトロ、都営地下鉄の5社が乗り入れる新宿駅は、1日あたりの乗降客数が約359万人で、日本国内はもちろん世界でも最多として「ギネス世界記録」にも認定されている。国内2位は渋谷駅、3位は池袋駅だ。

行政機関などが集まる、霞ヶ関の官庁街。

東京都には自然もいっぱい!?

東京都西部にある高尾山は2007（平成19）年、世界的な観光ガイドブック「ミシュラン・グリーンガイド」で、最高ランクの「三つ星」の観光地に選ばれました。高尾山薬王院の霊場で、江戸時代は幕府の山林保護政策によって守られていました。その後も、長い間国有林として保護されてきたので、自然が残され、いまでは年間300万人が訪れています。

小笠原村に属する小笠原諸島は2011年、固有の生態系が残されていることなどから、日本で4か所目となるユネスコの世界自然遺産に登録されました。

▲世界自然遺産に登録された小笠原諸島。

東京の産業

大企業や研究機関が集中する東京

東京など5か所にある証券取引所で、厳しい審査をへて株の公開売買が行われている会社を「上場企業」といいます。全国には、約3800社の上場企業があり、このうち半数ほどが東京都内に本社を置いています。また、宇宙航空研究開発機構（JAXA）や産業技術総合研究所など、さまざまな分野の研究機関が、東京都内にあります。

そのほか、新聞社や放送局が多数あり、各地へ情報を発信しています。

東京の食文化

「江戸前」の海産物を使った名物

寿司屋の店先で、「江戸前」と染めぬかれた、のれんを目にすることが多いと思います。「江戸前」とは、「江戸の前」にある海のことで、江戸は、よく海産物がとれる漁場をもつまちとして知られていました。今では東京湾全体でとれた、新鮮な魚介類のことをいいます。

江戸時代、活きのよい江戸前の魚を使ったにぎり寿司は、大阪など上方の棒寿司や巻き寿司に対して「江戸前寿司」とよばれ、人々に親しまれました。

▲「江戸前寿司」ともよばれるにぎり寿司

世界各国の料理が食べられるのも首都・東京ならではの楽しみ

東京都内には約51万人の外国人がくらしており、さまざまな国や地域の食材や調理法をいかした料理店が数多くあります。都内の新大久保駅や上野駅周辺には「コリアンタウン」があり、韓国料理を提供する店が集まっています。また、約9000軒の中華料理店があるとされています。

そのほか、東南アジアやアフリカの料理店もあり、100以上の国や地域の料理を味わうことができます。

新大久保のコリアンタウン

東京の歴史

漁村だった江戸を徳川家康が開拓

室町時代、武蔵国（現在の東京・埼玉・神奈川県にまたがる地域）をおさめていた扇谷上杉家の家臣、太田道灌という武将が江戸城を築きました。

戦国時代に入り、江戸城は戦国大名、北条氏の領地になります。しかし、北条氏が豊臣秀吉によって滅ぼされると、秀吉の命令により、徳川家康が関東をおさめることとなりました。

家康が、関東での拠点としたのが江戸城です。そのころの江戸は沼が多い漁村でしたが、家康は、大規模な埋め立てや水路の整備を行い、まちを整備しました。

◀江戸幕府初代将軍の徳川家康。江戸の都市機能を整えるため、現在の文京区小石川を水源とする「小石川上水」をつくり上げたという。

▲江戸時代初期の江戸をえがいた『江戸図屏風』。家康が江戸へやって来たとき、江戸城はまだ小さな城だった。江戸幕府は、江戸城の改築や拡張を行い、3代将軍家光のころには天守閣が完成した。

幕府が開かれ、大都市となった江戸

1603年、家康は朝廷から征夷大将軍に任じられ、江戸に幕府を開きました。多くの物資が全国各地から船で江戸に運ばれ、とくに米や魚の河岸（船着き場）が設けられた日本橋周辺には多くの町人が住み、商業の拠点として発展しました。

江戸時代は、町人によって文化が生み出された時代でもあります。17〜18世紀には京都や大阪などの上方で、そして19世紀には江戸を中心として、浮世絵や歌舞伎、俳諧（俳句）などが発展しました。また、日本の古典を研究する「国学」や、オランダ語で西洋文化を学ぶ「蘭学」などの学問も発達しました。

◀歌舞伎は、17世紀はじめに出雲阿国が京都ではじめたといわれる。江戸では市川團十郎が「荒事」という豪快な演技を生み出すなどして発展した。左の絵は、初代市川團十郎。

明治維新で「文明開化のまち」東京へ

1867年の「大政奉還」で江戸幕府が滅び、翌年から明治時代のはじまりとともに、名も「東京」と改められました。明治政府は西洋の文化を積極的に取り入れ、その象徴として1872（明治5）年に新橋〜横浜間に鉄道が開通。翌年には、銀座通り沿いに西洋風のレンガ街が建設されました。

それらの動きを、福沢諭吉が「文明開化」という言葉で表し、それが定着しました。

▲レンガづくりの洋館がならぶ銀座。

震災や戦争を乗りこえ、復興した東京

　明治から大正時代にかけて発展を続けてきた東京でしたが、1923（大正12）年に発生した関東大震災によって、壊滅的な打撃を受けます。東京全体で約2万5000棟が全壊、17万6500棟が全焼、7万人が死亡、または行方不明となりました。その後、復興が進み、1927（昭和2）年には浅草〜上野間に日本初の地下鉄（いまの東京メトロ銀座線の一部）が開通するなど、東京は震災以前にもまして大きな発展をとげました。

　しかし、1941（昭和16）年に太平洋戦争がはじまると、アメリカ軍の空襲によって、東京は再び大きな被害を受けます。とくに1945（昭和20）年の「東京大空襲」では、B-29による爆撃で10万人以上が死亡。東京は焼け野原となりました。

▶太平洋戦争直後の東京。

東京で、2度目のオリンピック開催！

　終戦後、日本は国をあげて復興に取り組みます。その中心は東京でした。

　1958（昭和33）年に東京タワーが完成します。1964（昭和39）年にはアジアではじめてのオリンピックが東京で開催されることとなり、新幹線の建設、首都高速道路や地下鉄の整備が行われました。

　2021（令和3）年には、東京で2度目となる夏季オリンピック・パラリンピックが開催され、東京は新たな発展の時代をむかえようとしています。

◀1964年に開催された東京オリンピック。開会式で、聖火が灯されたときのようす。

東京かんたん年表

平安時代	1180年ごろ	秩父重継が武蔵国江戸郷に館を築き、「江戸氏」をおこす
鎌倉時代 室町時代	1457年	武蔵国を治めていた扇谷上杉家の家臣、太田道灌が江戸城を築く
	1537年	戦国大名、北条早雲が扇谷上杉家を破る
安土桃山時代	1590年	豊臣秀吉が北条氏を破る 徳川家康、生まれ故郷の三河国から関東に入り、本拠地を江戸城とする
	1600年	関ヶ原の戦い
	1603年	家康、征夷大将軍に任じられる
	1606年	江戸城の大増築開始
	1611年	2代将軍徳川秀忠、「武家諸法度」発布
	1614年	大坂冬の陣
	1615年	大坂夏の陣、豊臣氏が滅ぶ
	1629年	江戸城の大拡張工事開始
	1635年	3代将軍徳川家光、武家諸法度を改正、大名の「参勤交代」を制度化する 日本人の海外渡航と帰国を禁止
江戸時代	1637年	九州で島原・天草一揆が起こる
	1639年	ポルトガル船の日本入港を禁止
	1657年	明暦の大火、江戸城の天守閣、二の丸、三の丸などが焼失
	1718年	江戸の町火消制度を整備
	1853年	ペリーのひきいるアメリカ艦隊が浦賀（今の神奈川県横須賀市）へ来航、日本に開国を求める
	1854年	日米和親条約、下田港（静岡県）と函館港（北海道）を開く
	1858年	日米修好通商条約により、長崎、神奈川（横浜）、函館の3港での貿易をアメリカに許可。その後、イギリス、フランス、ロシア、オランダとも同様の条約を結ぶ
	1867年	大政奉還、江戸幕府が滅びる
明治時代	1868年	江戸を東京と改称、東京府庁が開庁
大正時代	1923年	関東大震災が起こる
昭和時代	1941年	太平洋戦争開戦
	1945年	3月10日、5月25日に東京大空襲、8月15日、太平洋戦争終戦
	1964年	10月、東京オリンピック開催
平成時代	2013年	2020年に東京オリンピック開催が決定
令和時代	2021年	東京オリンピック開催

東京を楽しむ！ コースづくりのコツ

多くの交通手段がある東京。むだのないコースづくりには、下調べが欠かせません。どのようなポイントがあるのか、見てみましょう。

❶ さまざまな交通機関がある東京。目的地への行き方は、事前によく確認しておこう！

東京には、さまざまな鉄道がくもの巣のようにはりめぐらされています。1つの目的地をめざすにも、たどり着くには何通りもの方法がある場合がほとんど。どの鉄道を使用するのがよいか、また、どの駅で乗りかえ、どの出口から出るのか、事前にしっかりと確認しておくと、スムーズに移動できます。

東京のおもな鉄道はこれ！

- **JR東日本**
  （山手線、中央線、埼京線、京葉線など）
- **東京メトロ**
  （銀座線、丸ノ内線、日比谷線、千代田線、副都心線、南北線、東西線、半蔵門線、有楽町線）
- **都営地下鉄**
  （浅草線、三田線、新宿線、大江戸線）
- **東武鉄道**
  （東武スカイツリーラインなど）

便利な乗りかえ検索サイトを活用しよう！

路線が複雑な東京。経路の下調べに便利なのが、インターネットの乗りかえ検索サイトだ。料金や所要時間、どの行き先の電車に乗ればよいのかなど、まとめて調べられる。

- Yahoo!乗換案内　https://transit.yahoo.co.jp/
- ジョルダン　https://www.jorudan.co.jp/
- 駅探　https://ekitan.com/

もしも、道に迷ったら……

道に迷わないためのポイントは、順路や目的地付近にある目印をいくつか事前に調べておき、確認しながら進むことです。

しかし、それでも迷ってしまったときは、道案内板で確認しましょう。また、交番やコンビニエンスストアなどでたずねると、より安心です。

経路の決め方
東京駅から東京スカイツリー®へ行く場合

ステップ❶ 目的地への最寄り駅を調べる

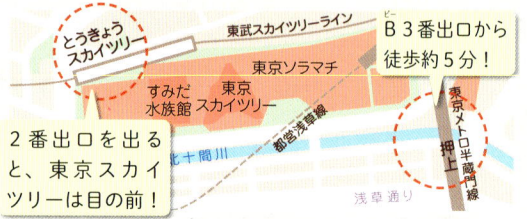

B3番出口から徒歩約5分！

2番出口を出ると、東京スカイツリーは目の前！

東京スカイツリーの最寄り駅は、東武線の「**とうきょうスカイツリー駅**」と東京メトロの「**押上駅**」の2つ。

ステップ❷ 最寄り駅までの経路を調べる

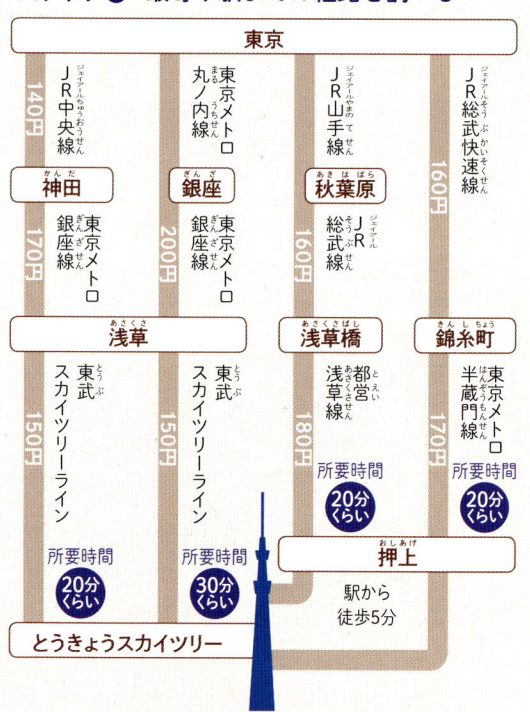

上にしめした経路は、いくつかある方法の一部。経路によって、乗りかえの回数や料金などが変わってくることがわかる。事前に調べて、自分たちに合った方法を見つけよう。

❷ 東京のまちのつくりをざっくりとつかんでおこう！

東京の中心地には、流行の最先端をいく施設が集まる地域や、古きよき伝統を伝える地域など、さまざまな性格をもつ場所がぎゅっとつまっています。それぞれのまちがどのあたりにあるのか知っておくと、東京めぐりの楽しさが倍増!?

池袋
新宿や渋谷とならぶ大きなまち。都心で水族館やプラネタリウムを楽しめる「サンシャインシティ」（42ページ）など、ユニークな施設があります。

上野
日本ではじめてできた動物園や博物館、美術館が集まっています。東北方面への列車の起点となる上野駅や、アメヤ横丁（41ページ）もあります。

浅草周辺
浅草寺で有名な歴史ある下町、浅草や、東京スカイツリー®を中心とした東京ソラマチ®など、歴史あるものも、新しいものも楽しむことができます。

新宿
多くの鉄道路線が乗り入れる新宿は、世界で一番乗降客数が多いといわれるまち。西新宿には東京都庁があります。

秋葉原
最新のパソコン関連機器がそろう「アキバ」として知られるまち。アニメや漫画など、日本の新しい文化を発信するまちでもあります。

渋谷・原宿
たくさんのファッションビルや娯楽施設、明治神宮やNHK放送センターなどもあり、さまざまな文化がとけあった場所です。

丸の内
東京の玄関口、「東京駅」のまわりは、多くの企業が集まるビジネス街。大型の商業施設や飲食店もたくさんあります。

六本木
多くの外国大使館が集まる、国際的なまち。最新の高層ビルが立ちならぶ、洗練された雰囲気のある場所です。

銀座
明治維新後に栄えた銀座のまち。松屋、三越などの大型デパートがならぶほか、明治時代からつづく老舗もあります。

お台場
幕末、巨大な黒船へ大砲を撃つ砲台を置くための「お台場」としてつくられました。フジテレビの本社があるメディアのまちでもあります。

テーマ別に見る東京の名所①

日本の中枢をめぐろう！

日本の政治、経済、司法を動かす施設が東京には集まっており、皇居をとり囲むように、せまい範囲に集中しています。重要機関をめぐるのも、東京ならではの楽しみです。

司法、立法、行政……。国を動かす施設が集まる都心

永田町は、江戸城に近いことから、江戸時代は有力な大名の屋敷が立ちならびました。明治時代になり、1871（明治4）年に外務省が銀座から移転してきたのを皮切りに、官庁街としての整備が進められました。首相官邸と国会議事堂は西側の永田町、最高裁判所はその北側の隼町に置かれるなど、国を動かす施設が集中しています。

国会、裁判所、内閣の関係（三権分立）

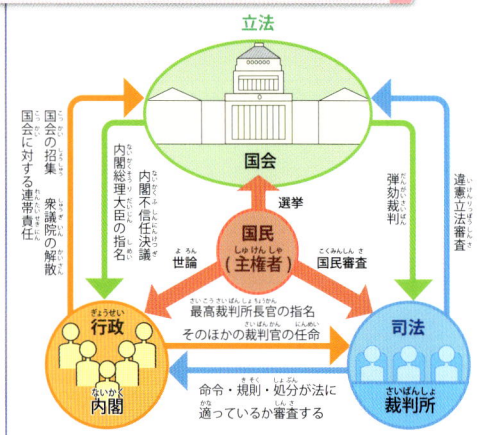

地図上の施設：
- 防衛省
- 靖国神社
- 皇居
- 最高裁判所 （くわしくは14ページ）
- 国立劇場
- 国会議事堂 （くわしくは12ページ）
- 霞ヶ関官庁街

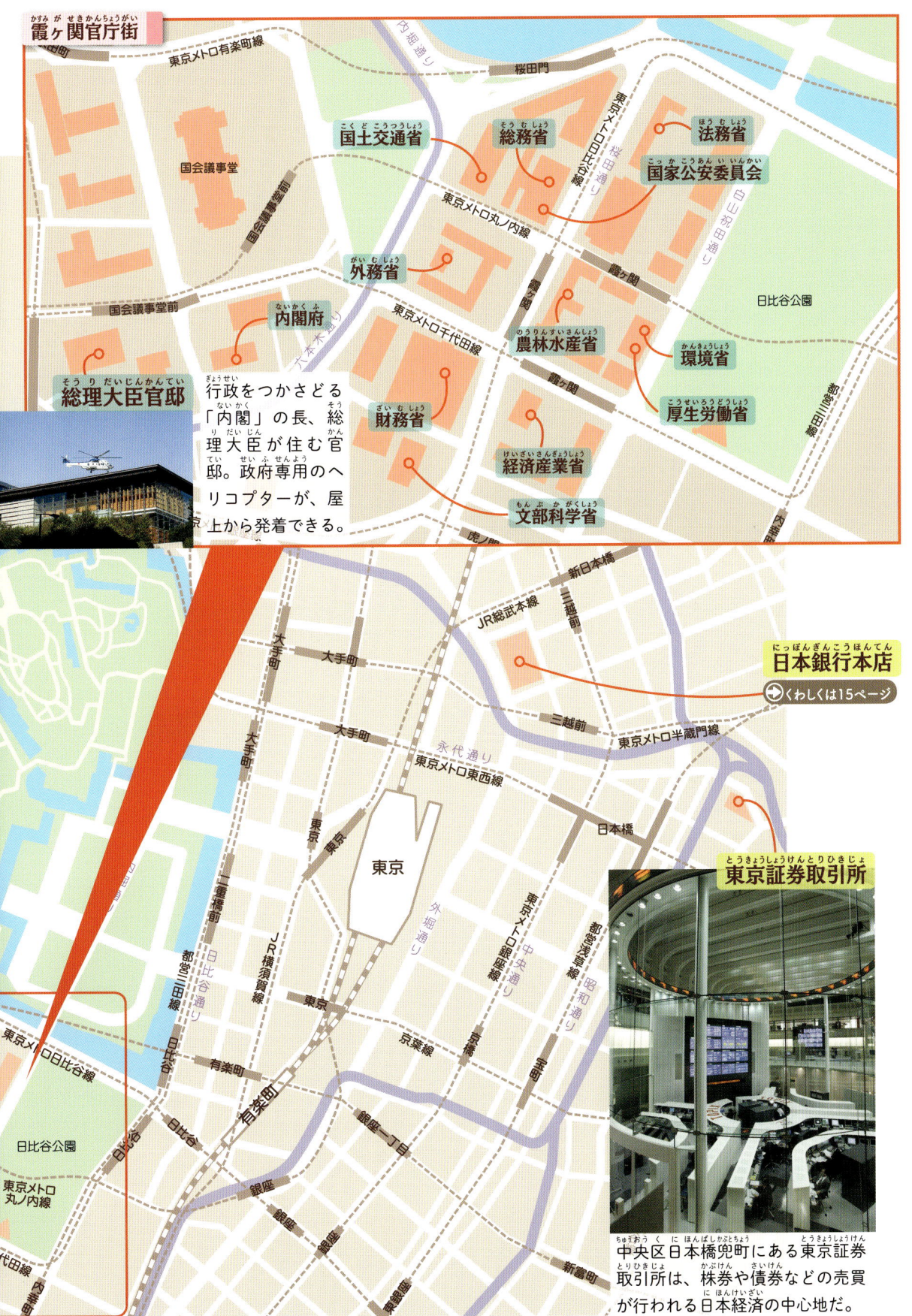

霞ヶ関官庁街

行政をつかさどる「内閣」の長、総理大臣が住む官邸。政府専用のヘリコプターが、屋上から発着できる。

日本銀行本店
くわしくは15ページ

東京証券取引所
中央区日本橋兜町にある東京証券取引所は、株券や債券などの売買が行われる日本経済の中心地だ。

国会議事堂

国会議事堂は、国会が開かれる場所だ。国会では、選挙で選ばれた国会議員が集まり、法律を制定したり、予算の議決や内閣総理大臣の指名などを行っている。日本は、衆議院と参議院からなる「二院制」をとっていて、国会議事堂のつくりも正面から見て左が衆議院、右が参議院というように分かれている。

※見学時間などは、新型コロナウイルス感染症等の状況により、変更となる場合があります。確認の上お出かけください。

完成 1936年

見学できる時間【衆議院】8:00～17:00（平日）
　　　　　　　　（土・日・祝は9:30～、14:00～など1日6回）
　　　　　　　【参議院】9:00～16:00（平日のみ）
※10名以上の団体は、事前申し込みが必要。受付は16:00まで。

見学時間の目安　1時間
最寄りの駅　永田町駅・国会議事堂前駅（東京メトロ）

衆議院と参議院があるのはなぜ？

予算や法案の議決は、国の意思を決める重要な仕事であり、慎重に結論を出すために、日本では「二院制」をとり、衆議院と参議院で二度審議します。

	衆議院	参議院
定数	465人	248人
任期	4年（解散で資格を失う）	6年（3年毎に半数が選挙で入れ替わる）
解散	あり	なし

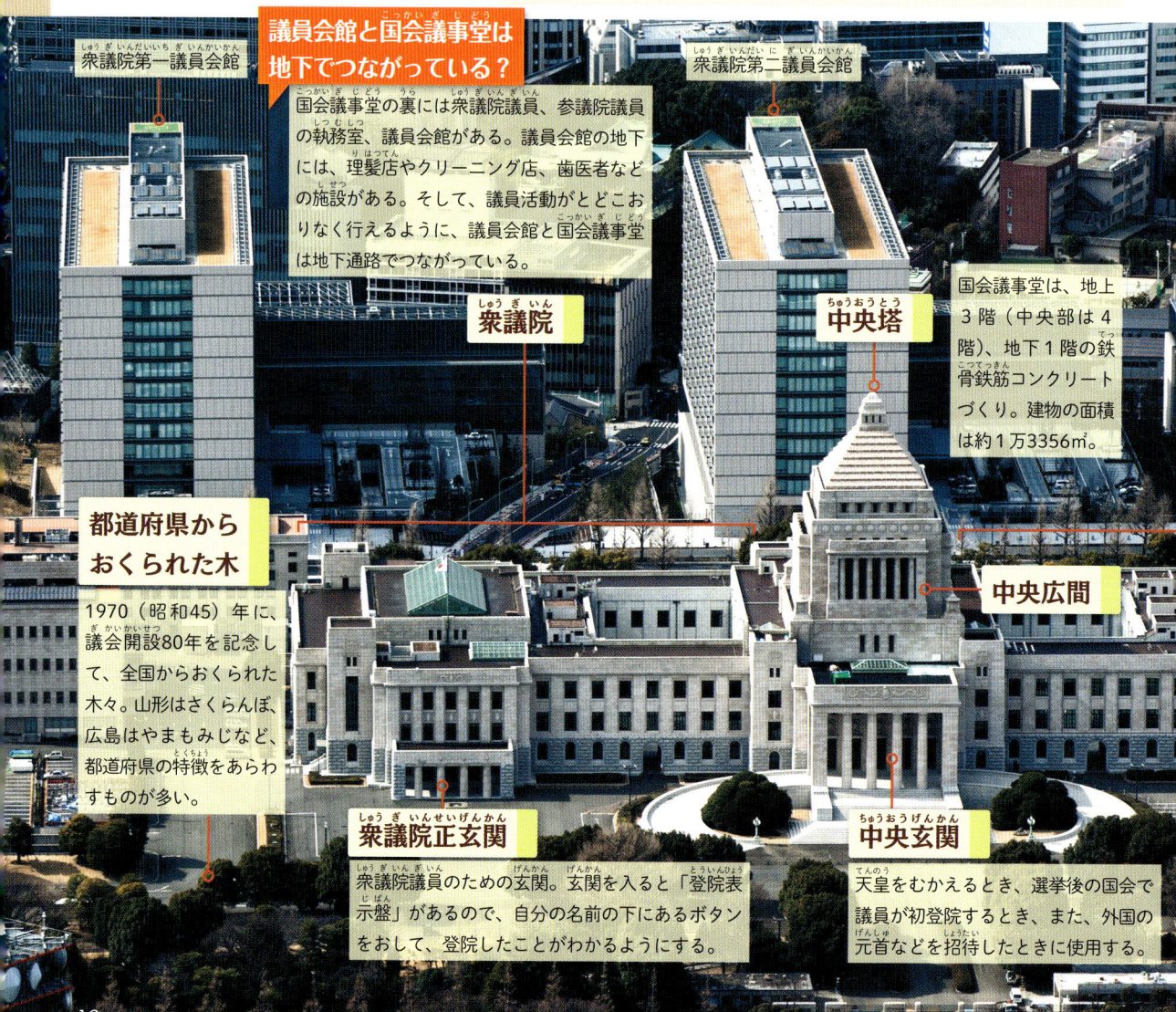

議員会館と国会議事堂は地下でつながっている？
国会議事堂の裏には衆議院議員、参議院議員の執務室、議員会館がある。議員会館の地下には、理髪店やクリーニング店、歯医者などの施設がある。そして、議員活動がとどこおりなく行えるように、議員会館と国会議事堂は地下通路でつながっている。

衆議院第一議員会館

衆議院第二議員会館

衆議院

中央塔
国会議事堂は、地上3階（中央部は4階）、地下1階の鉄骨鉄筋コンクリートづくり。建物の面積は約1万3356㎡。

中央広間

都道府県からおくられた木
1970（昭和45）年に、議会開設80年を記念して、全国からおくられた木々。山形はさくらんぼ、広島はやまもみじなど、都道府県の特徴をあらわすものが多い。

衆議院正玄関
衆議院議員のための玄関。玄関を入ると「登院表示盤」があるので、自分の名前の下にあるボタンをおして、登院したことがわかるようにする。

中央玄関
天皇をむかえるとき、選挙後の国会で議員が初登院するとき、また、外国の元首などを招待したときに使用する。

見どころウォッチング およそ80年前につくられた国会議事堂は、日本の歴史を刻み続け、今も日本の未来を決定し続けている。厳かな雰囲気と、その中にある熱気を体感しよう！

衆議院本会議場

- 天皇の御傍聴席
- 内閣総理大臣席
- 議長席
- 演壇
- 速記者席
- 議員席

衆議院と参議院の議場のつくりはほとんど同じだが、参議院本会議場には開会式に天皇をむかえるため、議長席の後方に「お席」がもうけられている。

参議院本会議場

- 天皇のお席
- 貴賓席
- 演壇
- 速記者席
- 議員席

材料やデザインにもこだわった建物！

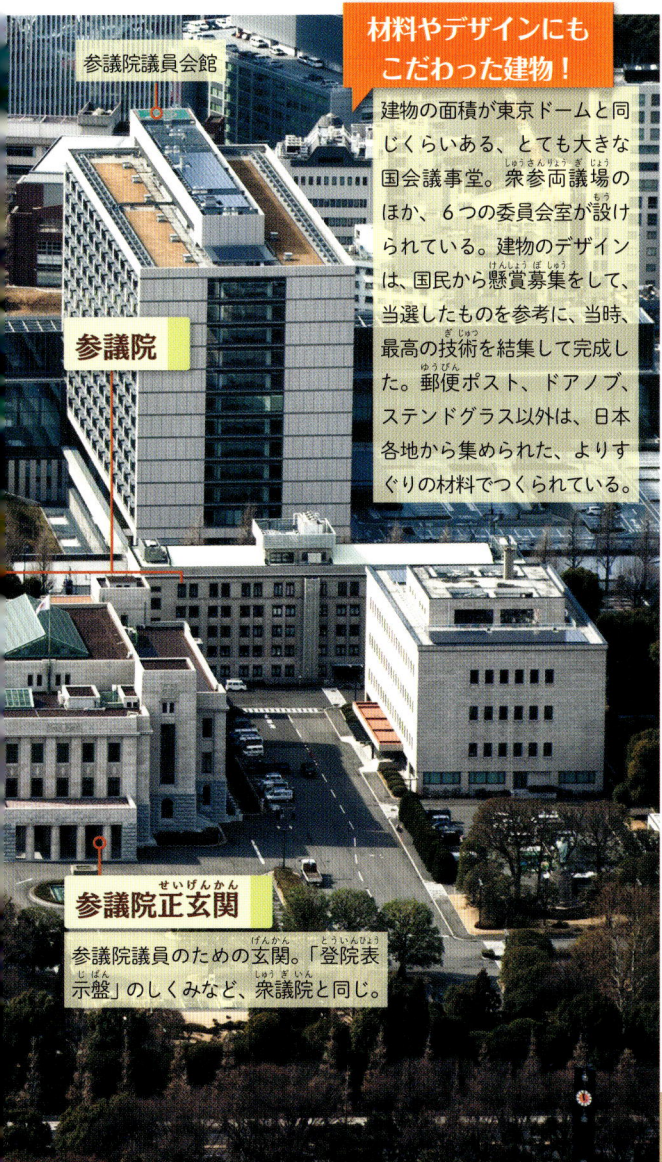

- 参議院議員会館
- 参議院
- 参議院正玄関

建物の面積が東京ドームと同じくらいある、とても大きな国会議事堂。衆参両議場のほか、6つの委員会室が設けられている。建物のデザインは、国民から懸賞募集をして、当選したものを参考に、当時、最高の技術を結集して完成した。郵便ポスト、ドアノブ、ステンドグラス以外は、日本各地から集められた、よりすぐりの材料でつくられている。

参議院議員のための玄関。「登院表示盤」のしくみなど、衆議院と同じ。

議会の内容をすばやく記録！「速記者」ってどんな仕事？

国会では衆議院・参議院とも、議長席の前の速記者席に職員が座り、議事録をつくるために議員の発言を即時にパソコンに入力しています。以前は、衆議院・参議院それぞれの「速記者養成所」を出た速記者が特殊な記号（下の写真）を使い、手書きでつくっていました。

▲日本国憲法の中から「第41条 国会は国権の最高機関であって、国の唯一の立法機関である。」と書かれている。

国会で決定するおもなこと

- 新しい法律の制定や法律の修正
- 国の予算を決める
- 内閣総理大臣を国会議員の中から決める
- 問題のある裁判官を裁く裁判所を設置する
- 政府が海外と結ぶ条約を承認する
- 憲法改正の発議（意見を出すこと）
- 政治全般に対する調査を行う
- 内閣不信任決議を行う

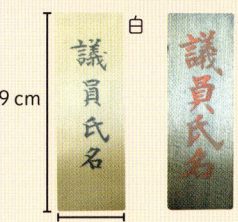

白 青 9cm 3.15cm

▶国会で記名投票のときに使われる「投票札」は、賛成が白色、反対が青色と決められている。議員の名前が書かれており、議場の机に白、青6枚ずつ用意されている。

最高裁判所

日本では、あやまった判断をしないように、1つの事柄について3回まで裁判をすることができる。これを「三審制」という。法にしたがってその最終的な判断を下すのが最高裁判所だ。裁判所の頂点に立つ最高裁判所は、国内に1か所しかない。

石でおおわれた、重々しい外観。使用されている石は、ほとんどが茨城県産の稲田石。3年間の工事期間のほとんどが、石をあつかう作業についやされたといわれている。

創立 1947年
見学できる時間 9:30〜、14:00〜など1日6回。（祝日を除く火・木）事前に申し込みが必要
見学時間の目安 50分
最寄りのバス停、駅 三宅坂停留所（都営バス）、永田町駅（東京メトロ）

三審制

```
        最高裁判所
           ↑ 上告
        高等裁判所
       ↑     ↑     ↑
      控訴  控訴  控訴
   家庭裁判所 簡易裁判所 地方裁判所
```

裁判所には、家庭裁判所、簡易裁判所、地方裁判所、高等裁判所、最高裁判所の5種類あり、三審制では最大三度審議をする。民事裁判では、上の表とちがい、簡易裁判所、地方裁判所、高等裁判所の三審制となることもある。

最高裁判所はどんなところが特別？

最高裁判所は、法律が憲法に違反していないかどうかを審査し、最終的に判断する権限をもっています。そのため「憲法の番人」ともよばれています。最高裁判所は長官と14人の裁判官によって組織されています。

大法廷

最高裁判所の大法廷は面積が574㎡あり、日本でもっとも広い法廷だ。ふつうは5人の裁判官によって小法廷で審理されるが、重要な案件は大法廷で、長官をふくめた15人の裁判官全員によって審理される。

ほかの裁判所のように、被告人席や証言台がないのが大きな特徴。これは最高裁判所が、高等裁判所が下した判決や手続きに憲法違反や法律違反がないかを判断するための機関で、被告人や証人から直接話を聞くことがないため。

裁判で解決するのはどんなこと？

裁判には大きく分けて、刑事と民事があります。刑事裁判は罪をおかしたと思われる人が有罪か無罪か、刑罰の重さをどうするかを判断するものです。民事裁判は会社や個人などの間で起きたトラブルを解決するためのもので、法律にしたがって判断を下します。

裁判所の役割

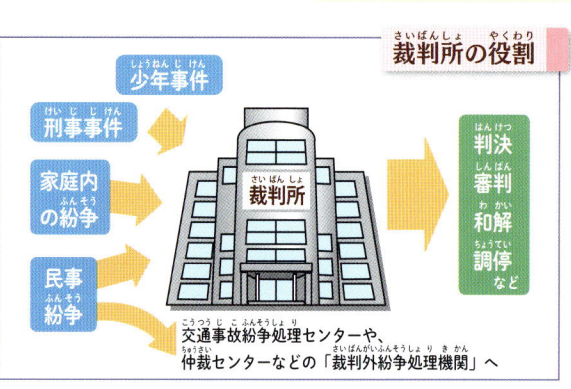

交通事故紛争処理センターや、仲裁センターなどの「裁判外紛争処理機関」へ

日本銀行本店

国の金融（お金の動き）の中心となる銀行を「中央銀行」という。日本の中央銀行は日本銀行で、1882（明治15）年に設立された。日本銀行は紙幣（お札）を発行できる唯一の銀行（発券銀行）で、わたしたちが使っているお札には「日本銀行券」と書かれている。

完成 1896年
見学できる時間 9:30〜、15:15〜など1日4回。（平日のみ）※5日前までに申し込みが必要
※南分館は9:30〜16:30（受付は16:00まで）
見学時間の目安 1時間
最寄りの駅 三越前駅（東京メトロ）、神田駅・東京駅（JR線）

政府や銀行のお金を預かる銀行！

日本銀行は、政府が集めた税金を預かる口座を管理したり、国が民間（企業や個人）からお金を借りるときに発行する国債にかかわる事務も行います。そのため、日本銀行は「政府の銀行」とよばれています。また、一般の銀行に対して預金や貸し出しを行うことから「銀行の銀行」ともよばれます。

1882（明治15）年開業当時の日本銀行の絵。とても近代的な建物だった。

新館

新館1階の営業場には、銀行などの金融機関に対し、お金の預け入れや引き出し、貸し出しのほか国債の発行などを行う、さまざまな窓口がある。それらのやり取りは「日銀ネット」とよばれるコンピューターシステムで行われている。日本銀行に個人のお金を預けることはできない。

本館 重要文化財

本館は「日本銀行本館」として1896（明治29）年に完成した地上3階、地下1階の石積みレンガ造りの建物だ。東京駅丸の内駅舎などと同じ、辰野金吾が設計した。

本館は、上から見ると「円」の形に見える！

南分館

南分館には日本銀行金融研究所貨幣博物館があり、日本の大判・小判をはじめ、石貨など世界各地のめずらしい貨幣が展示されている。貨幣の歴史や役割を学ぶことができる。

日本のお金が動いた場所、本館を見学！

世の中に出回るお金の量を調節している日本銀行。本館では、お札などの保管場所として、2004年まで108年にわたって使用されていた旧地下金庫や、窓口として使用されていた旧営業場などを見学できます。南分館にある、貨幣博物館とセットで見学できるコースもあります。

本館地下1階の旧地下金庫の入り口。

◀本館1階にある、旧営業場。

写真提供：日本銀行

15

テーマ別に見る東京の名所②
江戸のおもかげをめぐろう！

江戸は、徳川家康が幕府を開いた1603年から1867年までのおよそ260年間、日本の政治の中心でした。また、およそ100万人がくらした町には、将軍家や大名が造った日本庭園や、歴史ある寺や神社が多く残っています。

神田神社（神田明神）
1300年近く、江戸の地を守ってきた神社。江戸三大祭りの神田祭が行われる神社としても知られる。

小石川後楽園

東京ドームのとなりにある小石川後楽園は、「御三家」といわれた水戸徳川家の屋敷だったところで、面積は7万㎡。今は都立庭園で、国の特別史跡・特別名勝に指定されている。

日枝神社

千代田区永田町にある日枝神社は、江戸城の護り神だった神社だ。江戸三大祭りの1つ山王祭が毎年6月に行われている。

おすすめのコース

コース候補 1
上野恩賜公園や浅草寺をめぐるコース。六義園をみた後、JR山手線で鶯谷駅へ行き、寛永寺を見学しよう。歩いて上野恩賜公園へ行き、散策。その後、上野駅で東京メトロの銀座線に乗り、浅草寺へ向かおう。

コース候補 2
増上寺から皇居までをめぐるコース。増上寺を見学したら、大門駅から都営地下鉄線に乗って浜離宮恩賜庭園の最寄り駅、汐留駅へ。浜離宮恩賜庭園を散策したら、今度は日本橋へ。新橋駅まで歩き、都営地下鉄線で、日本橋駅をめざそう。日本橋のまちを見学したら、今度は皇居へ歩いて向かおう。さまざまな交通機関を利用するコースなので、どの交通機関を使うか、事前によく下調べをしておこう。

↪城を中心とした江戸のまち！
江戸のまちは江戸城を中心として広がっていました。城のまわりの内堀に囲まれた部分は「中曲輪」とよばれ、「御三家」とよばれた将軍の親族や、有力な大名の屋敷がならんでいました。外堀と隅田川・神田川に囲まれた「外曲輪」という区域には、大名屋敷や武家屋敷だけでなく、商業地や町人が住む長屋もふくまれていました。

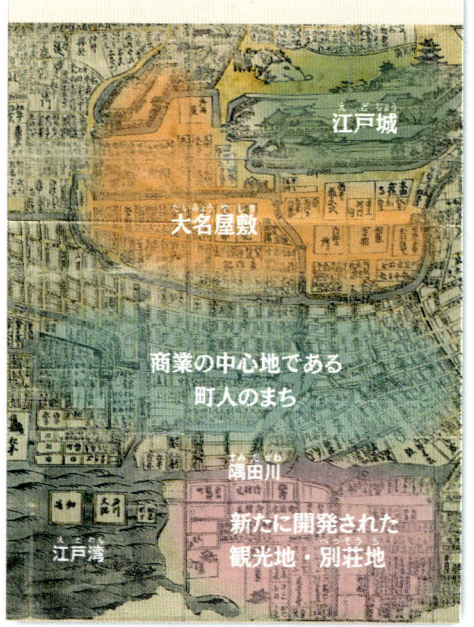

江戸城／大名屋敷／商業の中心地である町人のまち／隅田川／新たに開発された観光地・別荘地／江戸湾

画像：国立国会図書館デジタル化資料より

品川神社

1187年に源頼朝が建て、徳川家康が関ヶ原の勝利を祈願したと伝わる。境内には高さ15mのミニ富士山「富士塚」が築かれている。

皇居（江戸城跡）

特別史跡

江戸城は、徳川家の将軍が15代にわたって住まいとし、江戸幕府の政治の中心となった城だ。内堀と外堀をもつ巨大な城で、内堀の内側には将軍の居城である本丸をはじめ、二の丸、西の丸、北の丸、吹上などの御殿があった。大政奉還が行われた後、江戸城は明治新政府に明けわたされて天皇の住まい、皇居となった。

築城	1457年
開園時間	※皇居東御苑（江戸城本丸跡地）※月・金曜日は休み
	9:00～16:30（3月1日～4月14日）
	9:00～17:30（4月15日～8月31日）
	9:00～16:30（9月1日～9月30日）
	9:00～16:00（10月1日～10月31日）
	9:00～15:30（11月1日～2月末日）
見学時間の目安	1時間
最寄りの駅	大手町駅（東京メトロ・都営地下鉄線）・二重橋前駅・竹橋駅（東京メトロ）、東京駅（JR線・東京メトロ）

1607年に、江戸城の天守閣が築かれた。しかし、1657年の「明暦の大火」で天守閣は焼けてしまう。今も残る天守閣の基盤「天守台」は築かれたが、城下の復興を優先すべきという意見から、天守閣の建物は再建されなかった。

画像提供：国立歴史民俗博物館

天皇の住まいとなった江戸城

江戸幕府が滅んだ後の1868年、江戸城を東京城と改め、明治天皇が京都からうつりました。1888年に西の丸に明治宮殿が完成しましたが、1945年に空襲で全焼。戦後の1948年になってよび名が皇居と改められています。1968年に新宮殿が完成、今の吹上御所は1993年に建てられたものです。

人物

徳川家康（1542～1616年）
「関ヶ原の戦い」に勝った徳川家康は、1603年、征夷大将軍に任じられ、江戸に幕府を開いた。1605年に息子の秀忠に将軍職をゆずり、1614、1615年の「大坂の陣」で豊臣家をほろぼし、徳川幕府による全国支配をかためた。

太田道灌（1432～1486年）
鎌倉に勢力をもっていた扇谷上杉家に仕えた武将。道灌は江戸城を築き、対立する古河（いまの茨城県）の足利氏と戦いを続けた。しかし、勢力を強めるにつれて主君にうとまれ、暗殺されたと伝えられる。

皇居周辺

（地図：北の丸公園、二の丸跡、北桔橋門、本丸跡、皇居東御苑、吹上御所、大手門、皇居、宮内庁、半蔵門、国立劇場）

江戸城での将軍の1日

江戸城の本丸に住み、幕府をおさめた徳川家の将軍。将軍の外出は、大勢の供がつくなど、大きなイベントであったため、江戸城内で過ごすことがほとんどだったようです。

将軍の1日のスケジュールを見てみましょう。

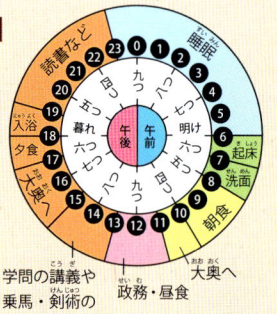

学問の講義や乗馬・剣術のけいこ／政務・昼食／大奥へ／朝食／洗面／起床／明け六つ／午前／午後／暮れ六つ／夕食／入浴／読書など／睡眠

本丸中心部のしくみ

本丸の中心部は、政治の場と将軍の住まいと、両方の機能をそなえていた。政治の場である「表」には大事な儀式を行う部屋や幕府の役人が会議や執務を行う部屋があった。「中奥」は将軍の私的な居住場所、「大奥」は将軍の妻の居住場所で、1000人以上の女中がつとめていたという。大奥は、将軍以外の男子は立ち入ることのできない場所だった。

富士見櫓

本丸の東南角に残る富士見櫓は1659年に建てられた。明暦の大火の後、再建されなかった天守のかわりだったという。どの方向から見ても同じ形に見えることから「八方正面の櫓」とよばれている。

坂下門

坂下門は宮内庁の入り口にあたり、皇居への通用門として使われているが、一般の出入りはできない。1862年に老中の安藤信正が水戸浪士におそわれた「坂下門外の変」の現場として知られている。

二重橋（正門鉄橋）

石造りの「正門石橋」と奥にある鉄製の「正門鉄橋」をあわせて二重橋とよんでいるが、厳密には奥の橋をさす。江戸時代に「正門鉄橋」がかけられた当時は、木造で、二重構造の橋だったことが「二重橋」という名の由来だ。

桜田門　**重要文化財**

桜田門は手前の高麗門と、右手奥の渡櫓門の2つからなる。1860年に大老の井伊直弼が暗殺された「桜田門外の変」で知られる。

江戸城かんたん年表

時代	年	出来事
室町時代	1457年	武蔵国を治めていた扇谷上杉家の家臣、太田道灌が江戸城を完成させる
室町時代	1524年	小田原（神奈川県）の北条氏が上杉家を破り、江戸城をうばう
安土桃山時代	1590年	豊臣秀吉が北条氏を破る 徳川家康が関東に入り、本拠地を江戸城とする
安土桃山時代	1593年	江戸城の本格的な修築が開始
江戸時代	1603年	徳川家康が征夷大将軍となる
江戸時代	1604年	家康、江戸城の拡張工事の命令を出す
江戸時代	1606年	2代将軍の徳川秀忠、江戸城の大増築を開始する
江戸時代	1607年	天守台が完成
江戸時代	1629年	江戸城の大拡張工事開始
江戸時代	1639年	江戸城内で出火した火事で本丸が焼失
江戸時代	1640年	焼失した建造物の再建が行われる
江戸時代	1657年	明暦の大火、西の丸以外の建物、天守閣、二の丸、三の丸などが焼失
江戸時代	1658年	焼失した建造物の再建が行われる
江戸時代		※この間も何度も火事が起こり、焼けた建造物の修築が行われている
江戸時代	1867年	大政奉還、江戸幕府が滅びる
明治時代	1868年	江戸城開城、江戸城に明治天皇が入る 江戸城が東京城と名をかえて皇居となる
大正時代		
昭和時代	1968年	本丸、二の丸、三の丸の一部を「東御苑」として一般公開する

浜離宮恩賜庭園

江戸時代、将軍の別邸だった浜離宮恩賜庭園には海につながっている、「潮入の池」がある。海水の満ち干によって風景を変えて見せる効果をねらったものだ。カモ猟のための「鴨場」も残されている。

開園 1946年

見学できる時間 9:00〜17:00
※入園は16:30まで

見学時間の目安 30分

最寄りの駅 築地市場駅・汐留駅（都営地下鉄線）

特別名勝 **特別史跡** 昔は、将軍の別荘だった場所！

1654年に甲府藩主の徳川綱重が海辺を埋め立て、屋敷と庭園をつくったのがはじまり。6代将軍家宣のときに将軍家の別邸になり、「浜御殿」とよばれた。明治維新後は皇室の離宮になり、1945年に東京都が管理する場所となった。

六義園

六義園は、5代将軍綱吉の側近だった柳沢吉保の屋敷につくられた庭園。吉保は、7年の月日をかけて、1702年に「回遊式築山泉水庭園」を完成させた。面積は8万7809㎡と、広大な庭園だ。

開園 1938年

見学できる時間 9:00〜17:00
※入園は16:30まで

見学時間の目安 1時間

最寄りの駅 駒込駅（JR線・東京メトロ）、千石駅（都営地下鉄線）

5代将軍徳川綱吉の側近、柳沢吉保の屋敷だった場所！

特別名勝

柳沢吉保は文学に精通した人物で、「六義」の名も漢詩や和歌の分類法にちなんだもの。明治時代に三菱財閥の創業者・岩崎弥太郎の所有となり、庭園を囲む赤レンガ塀がつくられた。1938年に東京市（当時）に寄付された。

大名屋敷の今、昔

江戸時代、各藩には幕府から屋敷があたえられ、参勤交代や、妻と跡つぎを江戸に滞在させることが義務づけられていました。

大名は、通常暮らす上屋敷のほか、中屋敷、下屋敷といって、隠居した藩主の屋敷や大きな庭のある別邸をもっていました。

広大だった大名屋敷の跡地の中には、現在大学や省庁の敷地として活用されているものもあります。

東京大学赤門

重要文化財

東京大学は、昔、加賀藩（今の石川県）の上屋敷があった場所。大学構内の赤門は、1827年に13代目の加賀藩主前田斉泰が、11代将軍徳川家斉の娘、溶姫を妻にむかえたときにつくられたもの。徳川家斉は子だくさんの将軍で、溶姫は21番目の娘だった。

浅草寺
せんそうじ

飛鳥時代の628年に開かれた、東京でもっとも古いと伝えられる寺。風雷神門は「雷門」として親しまれ、高さ3.9m、はば3.3m、重さ700kgの巨大な提灯がかけられている。7月の「ほおずき市」と12月の「羽子板市」は、多くの人でにぎわう。

雷門

```
開創  628年
拝観できる時間  境内の見学はいつでも可
※お堂の開堂・閉堂は6:00～17:00（4月～9月）
                  6:30～17:00（10月～3月）
拝観時間の目安  1時間
最寄りの交通機関  浅草駅（つくばエクスプレス・
都営地下鉄線・東京メトロ・東武鉄道）
```

「羽子板市」で1年のしめくくり！

浅草寺の境内では毎年12月17～19日、「羽子板市」が開かれ、およそ数十軒の露店がならびます。羽子板は悪い気を「はね返す」縁起物。江戸時代に正月用品を売る「歳の市」が境内で開かれたなごりで、多くの人が訪れます。

◀歌舞伎役者などの絵柄がついた羽子板。買った客には店の人が「三本締め」で送り出してくれる。

江戸幕府の祈願所として栄え、人々に親しまれてきた寺

1590年に江戸に入った徳川家康は、浅草寺を将軍家の祈願所と定め、寺に500石の領地をあたえました。2度の火事で焼けてしまいましたが、3代将軍家光によって本堂や五重塔などが再建されました。

寺のまわりは門前町として栄え、芝居小屋が建ちならぶなど、江戸の町人文化の中心でした。現在も、浅草寺のまわりは参道である仲見世通りを中心に、毎日多くの人でにぎわっています。

観音堂

ご利益のある煙!?　常香炉

仲見世通り

浅草寺のある台東区には年間およそ5583万人（2018年）の観光客が訪れている。仲見世通りは、雷門から宝蔵門までの250mの参道に89の店が連なる人気のスポット。

浅草寺の本堂は本尊の聖観世音菩薩（観音）を祀り、観音堂とよばれている。正面にある大香炉でたかれた線香の煙は、からだの悪いところに浴びると効能があるといわれる。

21

上野恩賜公園

上野は江戸時代初期に開かれた寛永寺の門前町として発展した。幕末になると、徳川幕府方の軍隊である「彰義隊」と、明治新政府方の軍隊が激突した「上野戦争」の戦場ともなった。明治時代に入ると上野の一帯は公園となり、博覧会など国家的な文化事業が行われた。現在も、上野公園には東京国立博物館や上野動物園など、大きな文化施設が集まっている。

開園 1873年

見学できる時間 施設によって異なるので、事前の確認が必要

見学時間の目安 1～2時間

最寄りの駅 上野駅（JR線・東京メトロ）、上野御徒町駅（都営地下鉄線）、京成上野駅（京成電鉄）

不忍池

上野は、古くから花見の名所としても知られる。桜が好きだった僧の天海が、奈良の吉野山から移植させたのがはじまりだという。

彰義隊の墓

1868年5月の上野戦争では、彰義隊士約1500人のうち、266人が戦死したと伝わる。隊士の遺体は仏磨という僧が火葬・埋葬した。のちに政府の許可を得て立てられた墓石が上野公園内にある。

江戸時代、徳川家康の側近だった僧、天海が開いた「寛永寺」を中心に栄えた上野

寛永寺は「天台宗東叡山寛永寺」といい、徳川家康、秀忠、家光の3代の将軍に側近として仕えた僧の天海が1625年に建てた寺です。江戸城から見て、鬼が出入りするとされた「鬼門」にあたる北東の方角に置かれています。明治時代になって境内の一部に、今の東京国立博物館や東京藝術大学ができたことをきっかけに、文化施設が集中するエリアとして発展しました。

▶初代歌川広重の浮世絵「上野清水堂不忍池」には、江戸時代初期の1631年に天海が建立した寛永寺の清水観音堂がえがかれている。この絵からも上野が桜の名所だったとわかる。

西郷隆盛像

上野公園の南側入り口に立つ西郷隆盛像は、1898年に立てられた。作者は高村光雲。

📍上野限定、パンダのポスト！

上野動物園は1882年、日本初の動物園として開園しました。現在は、ジャイアントパンダをはじめ、およそ300種、3000頭の動物を見ることができます。

▶表門の前に2011年、パンダ風の郵便ポストが設けられた。このポストから出すと、上野限定の消印がおされる。

もっと知りたい！
東京のヒミツ！

商業や流通の中心地として栄えた日本橋！

日本橋は1603年にかけられた橋で、江戸時代の幹線道路だった五街道の起点に定められました。周辺には多くの商人や職人が住み、江戸の商業の中心になりました。

日本各地から江戸へ、多くの品が運びこまれた！

日本橋のまわりには1610年ごろから舟入堀とよばれた運河がほられ、多くの河岸（船着き場）が設けられました。物資は、河岸に陸あげされたあとに市場で値段がつけられ、江戸のあちこちへ運ばれました。日本橋の北東側の河岸は魚介類の水あげ場で、いつも多くの人たちでにぎわっていました。

画像提供：国立歴史民俗博物館

すべての道は日本橋に通じる!?

日本橋は1604年、江戸から5方面に向けて整備された「五街道」（東海道・日光街道・奥州街道・中山道・甲州街道）の起点に定められました。日本の陸路の重要な拠点だった日本橋には、多くの人や物が集まったのです。

また街道沿いには、日本橋を起点に1里（およそ4km）ごとに、江戸からの距離をしめす「一里塚」がつくられました。今も7本の国道の始点として、日本橋の中央に「日本国道路元標」がうめこまれています。

▲日本国道路元標。

今の日本橋 重要文化財

現在の日本橋。上を首都高速道路が走っている。1603年にはじめて橋がかけられて以来、19回橋のかけかえや大改修が行われた。国の重要文化財に指定されている。 ➡43ページも見よう

江戸時代の生活を学べる博物館！

JR両国駅のそばにある東京都江戸東京博物館は、江戸時代から現代までのまちや人々の生活を、「江戸ゾーン」と「東京ゾーン」に分けて、くわしく再現しています。常設展示室入口には1810年前後の日本橋の北側半分（長さ約25m、はば8m）が、実物大に復元されています。

画像提供：江戸東京博物館

▲「江戸ゾーン」。左はしに見えるのが、日本橋の実物大復元模型。

◀1993（平成5）年に開館。外観は高床倉庫をイメージし、8934㎡の常設展示室に、およそ2500点の資料が展示されている。

▲「東京ゾーン」にあるミニチュア復元模型。明治時代の銀座を再現したもの。

※東京都江戸東京博物館は2022年4月1日〜2025年度中は改修工事のため全館休館。

テーマ別に見る東京の名所③

文明開化のおもかげをめぐろう!

明治時代、西洋から取り入れられた技術や文化によって、まちのつくりや人びとのくらしぶりは変化します。明治以降に建てられたレンガや石造りの建物は、今も東京のあちこちに残されています。また、昔の姿に復元されたものもあります。

おすすめのコース

コース候補 1

上野から新橋へ向かうコース。旧岩崎邸庭園を見たら、湯島駅から東京メトロで新御茶ノ水駅へ行き、そこからニコライ堂へ歩いて向かおう。その後は法務省旧本館へ。御茶ノ水駅から、法務省旧本館の最寄り駅・霞ケ関駅までは東京メトロ丸ノ内線で1本で行くことができる。最後の旧新橋停車場へは霞ケ関駅か桜田門駅から、東京メトロやJR線を乗りついで向かおう。

コース候補 2

原宿から新橋へ向かうコース。明治神宮に参拝したら、原宿駅から四ツ谷駅まで、JR線を乗りついで迎賓館赤坂離宮へ向かおう。その後、法務省旧本館へは東京メトロ丸ノ内線を利用して、霞ケ関駅で下車。旧新橋停車場へは、コース1と同じように向かおう。

迎賓館赤坂離宮

1909（明治42）年に皇太子の住まい、東宮御所として建てられ、1974（昭和49）年に外国からの賓客（大切な客）をもてなす迎賓館として改築された。明治以降の文化財としてはじめて、2009（平成21）年に国宝に指定された。

ここもいっしょにまわれるかも!?

明治神宮

明治天皇と皇后を祀るため、1920（大正9）年につくられた神社。正月には、毎年約300万人の初詣客でにぎわう。境内には、全国各地や朝鮮半島、台湾から集められた10万本の木々が自然林に近い姿で育っている。

🚩日本をヨーロッパやアメリカにも負けない近代国家に!

明治政府は積極的に、日本の西洋化・近代化を進めました。これは、欧米の国々がアジアやアフリカを軍事力によって植民地としていることに対する危機感からでした。「富国強兵」をスローガンに、産業の育成と軍隊の整備を急ぎ、近代化をアピールするために、外国人を接待する社交場の鹿鳴館も建てられました。

▲鹿鳴館に集まった明治時代の貴婦人たち。

画像提供：早稲田大学図書館

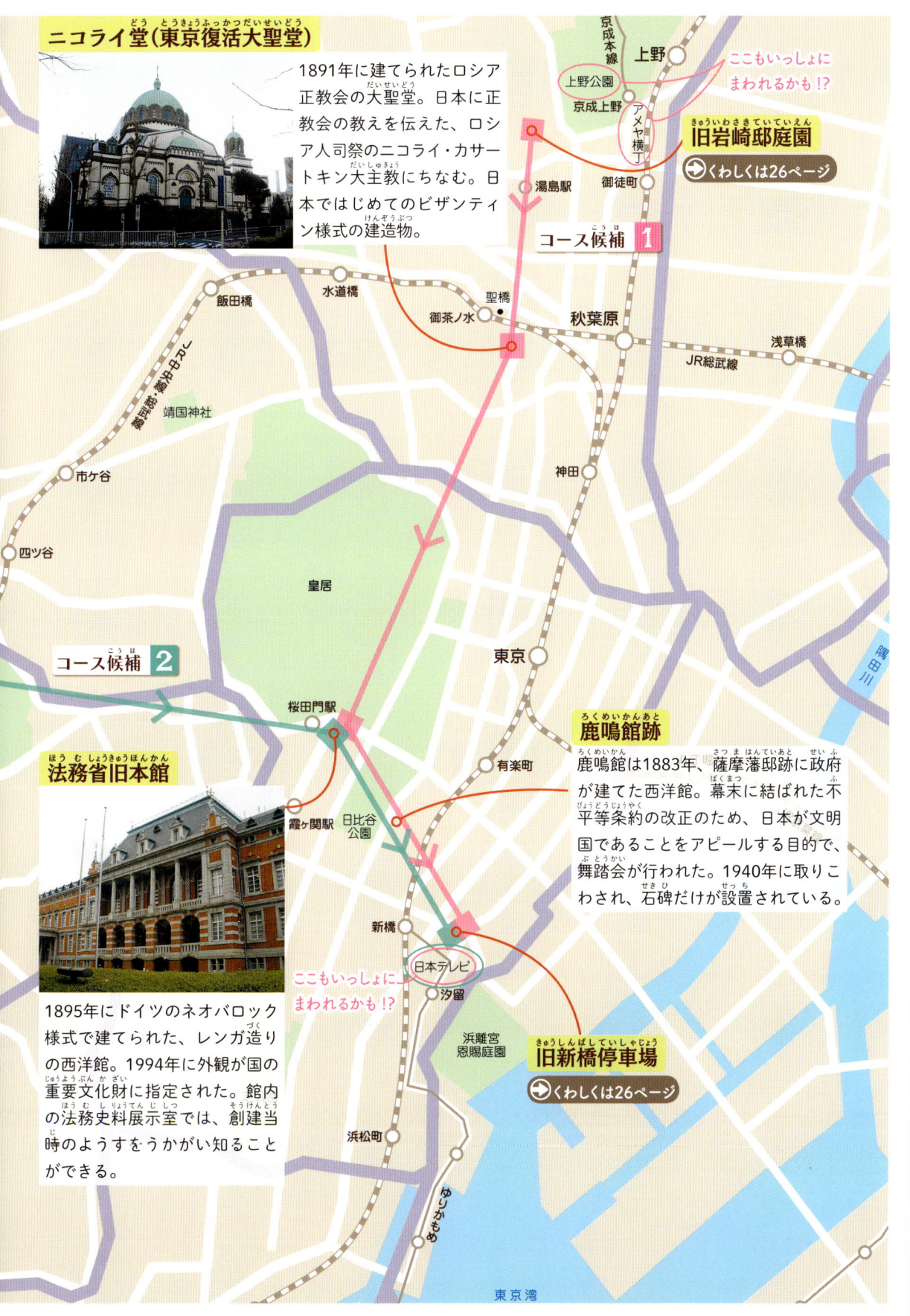

旧新橋停車場

史跡

1872（明治5）年10月14日、日本ではじめての鉄道が新橋と横浜（今の桜木町駅）の間に開通した。旧新橋停車場は東京側の起点として建てられたが、1923（大正12）年の関東大震災で全焼。2003（平成15）年に復元され、内部は鉄道歴史展示室などとして公開されている。

開業当時の駅舎が復元された旧新橋停車場。当時のホームと支柱、レールの一部も復元されている。鉄道の起点を示す「0哩標識」も開業当時と同じ場所に設置されている。

完成	1872年
見学できる時間	10:00〜17:00 ※入館は閉館の15分前まで
見学時間の目安	1時間
最寄りの駅	新橋駅（JR線）・東京メトロ・都営地下鉄線

1872年、新橋と横浜の間にはじめての鉄道路線が開通！

反対運動をさけるため、線路は海上に築堤をつくってしかれた。なんと、全線のおよそ3分の1にあたる10kmが「海上区間」だった。

画像提供：横浜市立図書館

旧岩崎邸庭園

洋館　重要文化財

この庭園には、三菱グループの創業者・岩崎弥太郎の長男・久弥が1896（明治29）年、岩崎家の迎賓館として建てた豪華な洋館がある。鹿鳴館の建築家として有名なイギリス人ジョサイア・コンドルが設計したもので、当時最先端の西洋風木造建築だった。地下道でつながっている撞球室（ビリヤード場）があり、こちらは当時としてはめずらしいスイス山小屋風のデザインとなっている。住まいとした和館も見学できる。

当時は、約5万㎡の敷地に20棟もの建物がならんでいた。現在は、3分の1の敷地となり、3棟だけ残っている。洋館、和館大広間、庭園などが、国の重要文化財に指定されている。

開園	2001年
見学できる時間	9:00〜17:00 ※入園は16:30まで
見学時間の目安	1時間
最寄りの駅	湯島駅・上野広小路駅（東京メトロ）、上野御徒町駅（都営地下鉄線）

人物　岩崎弥太郎（1834〜1885年）

今の高知県安芸市でまずしい浪人の子として生まれる。土佐藩山内家の貿易担当をつとめ、坂本龍馬と交流をもった。明治維新後、海運業を中心とした三菱商会を設立。政府の有力者と深い関係をもち、今の三菱グループの基礎を築いた。

もっと知りたい！
東京のヒミツ！

文明開化の代名詞、銀座レンガ街！

銀座は、新しい人気店と、昔ながらの老舗が同居するまちです。「文明開化」の象徴として、明治時代初期に日本ではじめて西洋風のレンガ街がつくられたことが、発展のきっかけとなりました。

現在の銀座4丁目の交差点。左は百貨店の和光。

火事で燃えないまちをつくるため、完成したレンガ街！

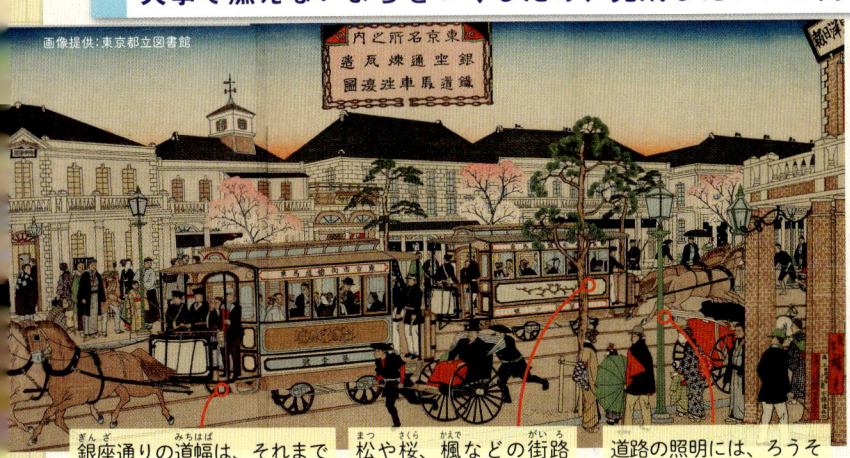
画像提供：東京都立図書館

銀座通りの道幅は、それまでの2倍以上にあたる15間（27m）に広げられた。車道と歩道も完全に分けられ、歩道にはレンガがしかれた。

松や桜、楓などの街路樹も、当時としてはめずらしいものだった。大正時代に入ると柳が植えられた。

道路の照明には、ろうそくのおよそ1.5倍（60ルクス）の明るさのガス灯85基が用いられた。

「銀座」の名は、江戸時代に銀貨の製造所があったことにちなみます。明治時代になり、1869（明治2）年と1872（明治5）年の2度、銀座は火事で焼けてしまいました。当時の東京府知事は、銀座を「不燃都市」のモデルとしようと、イギリス人建築家の設計によるレンガ街の建設に取り組みます。外国人が多く行き来する居留地の築地と、鉄道の起終点の新橋にも近い銀座を、「文明開化」の象徴としてアピールしたいという思いもありました。

文化の中心地として銀座は発展！

銀座は、情報文化の中心としても発展しました。経済の中心だった日本橋と、物流の拠点となった新橋駅の間にあたることから、新聞社の進出があいついだのです。今は移転してしまいましたが、主要新聞の本社はすべて銀座におかれ、尾張町（今の銀座4丁目）交差点の四隅が、すべて新聞社の社屋だった時期もあったほどです。

画像提供：早稲田大学図書館
現在、百貨店・和光がある場所に、朝野新聞社の建物があった。憲法の制定や国会の開設などを求め、1874年から1893年まで発刊された。

🎀食べ物も、このころからハイカラに！

明治時代になると銀座が食の最先端を走ります。今も銀座通りにある「あんぱん」の銀座木村家は1874年、現在の新橋から移転し、パン食が全国に広まるきっかけをつくりました。1895年に創業した煉瓦亭は、ポークカツレツ、オムライスなど現在も人気の洋食メニューを開発し、大ブームを巻き起こしました。1911年には、カフェープランタンが開業、日本にコーヒー文化を定着させました。

煉瓦亭の「ポークカツレツ」（左）と「元祖オムライス」（右）。

銀座木村家の「酒種あんぱん」。

テーマ別に見る東京の名所④

文化・情報の発信地、東京

東京は、日本の文化や情報の発信地としても、大きな役割をはたしています。博物館や美術館、テレビ局や新聞社など、楽しいスポットが数多くあります。

東京都庁
東京都の行政を司る東京都庁。「第一本庁舎」内にある展望室は無料で開放されており、202mの高さから都内を一望できる。

原宿

最先端のファッションや文化を発信するまち。明治神宮の創建に合わせて整備された「表参道」にあるキデイランドでは、流行の雑貨が手に入るかも。

おすすめのコース

コース候補 1
NHK放送センターを見学した後、歩いて原宿へ。原宿をめぐったら、東京メトロの明治神宮前駅から千代田線に乗って、乃木坂駅へ。国立新美術館を見学しよう。

コース候補 2
東京スカイツリーを見学したら、東武スカイツリーラインと東京メトロを利用して上野駅へ。東京国立博物館や国立科学博物館、国立西洋美術館をじっくりと見学しよう。

コース候補 3
お台場ですごすコース。フジテレビを見学したら、日本科学未来館へ。お台場から浅草方面へ、水上バスが出ているので、時間にゆとりがあれば、水上バスを利用して浅草をめぐるのもおすすめ。

野球殿堂博物館
→くわしくは33ページ

TBSテレビ
正式な会社名は「東京放送」で、ラジオ局もある。本社があるのは、赤坂サカスという複合施設で、しばしばイベントが行われる。そばにはライブハウスや劇場もある。

国立新美術館
→くわしくは33ページ

NHK放送センター
渋谷区のNHK放送センターには、NHKスタジオパークがあり、公開番組の収録が行われたり、ここでしか見られない番組の展示、3Dシアターなどが見学できる。

テレビ朝日

複合施設の六本木ヒルズ内にある。1階のアトリウムには、グッズショップや、人気バラエティ番組の展示などがある。

フジテレビ

フジテレビは、1959（昭和34）年に開局したテレビ放送局だ。報道、情報番組、バラエティやドラマと、はば広い番組を制作し、放送している。本社は観光スポットとして人気の「お台場（41ページ）」にある。

フジテレビのシンボルともいえる、球体展望室「はちたま」。入場は有料。

開局	1959年
見学できる時間	10:00～18:00 ※入館は17:30まで
見学時間の目安	1～2時間
最寄りの駅	台場駅(ゆりかもめ)、東京テレポート駅(りんかい線)

年間7000本以上の番組を放送するテレビ局！

フジテレビをはじめ、東京にある民放局は、1日に20番組以上、年間で7000本以上の番組を放送しています。フジテレビの場合は本社ビル内だけでスタジオが11か所、そのほか「フジテレビ湾岸スタジオ」にも8か所あり、番組の収録が毎日行われています。

日本のテレビかんたん年表

昭和時代

- 1926年 高柳健次郎が世界ではじめて文字の画像を画面に映し出すことに成功
- 1953年 日本でテレビ放送が始まる。このころは白黒放送だった。
- 1958年 東京タワーが完成
- 1959年 東京タワーがテレビ各局の電波の送信を開始
- 1960年 カラー放送が始まる
- 1964年 東京オリンピック開催
- 1970年代 テレビがお茶の間の主役になる
- 1989年 人工衛星を使った衛星放送がはじまる

平成時代

- 2000年代 パソコンや携帯電話などを使ってのテレビ視聴が広まる
- テレビの多チャンネル化が進む
- 2011年 テレビがすべてデジタル放送になる
- 2012年 東京スカイツリー®が完成
- 2013年 東京にあるテレビ局6社が、東京スカイツリーからの本放送を開始

はちたま ― 東京臨海副都心を一望！

25階の高さにあるはちたま。お台場をはじめとした「東京臨海副都心」の景色をながめることができる。

もっと知りたい！
テレビのヒミツ！

テレビ局ってどんな場所？

テレビ番組をつくっているテレビ局にはどんな種類があるのでしょうか。また、番組はどのようにつくられているのでしょうか。調べてみましょう。

キー局を中心に系列がつくられる 衛星放送やCATVも！

日本の放送局は大きく分けて、番組を見る人が払う受信料で運営している公共放送（NHK）と、コマーシャルを放送することによって得られる広告料で運営している民間放送（民放）があります。民放のテレビ局は、東京にあるキー局と地方にあるローカル局がそれぞれ系列（ネットワーク）をつくっています。さらに衛星やケーブルテレビ（CATV）を通じて放送しているところもあり、その数は全部で400以上にのぼります。

テレビ局で働いているのはどんな人？

テレビ番組の制作には、企画から内容のチェックまで全体をとりまとめるプロデューサーや、現場を指揮するディレクター、カメラマン、音声・照明スタッフなど、さまざまな人が関わっています。

そのほかにもテレビ局には、どの時間にどんな番組を放送するかを決める編成や、すべての番組を電気信号として各地の送信所に送り出す主調整室、宣伝を担当する広報といった部署があり、大勢の人が仕事を分担して働いています。

プロデューサー
▲番組制作の責任者。企画を立て予算やスケジュールを管理するほか、出演交渉なども行う。

カメラマン
▲カメラで映像を撮影する。スタジオでは、同時に何台ものカメラで撮影している。

タイムキーパー
▲番組が時間ピッタリにおさまるよう進行を管理する。ストップウォッチが欠かせない。

アナウンサー
▲番組の司会をしたり、ニュースを伝えたりする。正確にわかりやすく伝えることが求められる。

番組制作のおもなステップ（報道番組の場合）

情報収集
テレビ局のニュースセンターに、事件や事故のほか、さまざまな情報が入ってくる。また、記者も毎日あちこちで情報を集めている。

編集会議
集まったたくさんの情報の中から、何をどのように伝えるか、どの順番で、どのぐらいの時間をかけて放送するかなどを話し合って決める。

取材
記者やカメラマン、音声・照明スタッフが現場に行って、メモをとりながら話を聞いたり、現場のようすを撮影したりする。

原稿づくり
記者の取材をもとに、番組で読む原稿をつくる。アナウンサーは原稿を下読みして、読み方や読むのにかかる時間をチェックする。

映像を編集する
映像を、ニュースの内容や放送する時間の長さに合うようにまとめる。わかりやすく伝わるように字幕やCGを入れることもある。

6 放送する
本番開始！　アナウンサーがいるスタジオのそばには「副調整室」があり、映像や音声を切り替えるなど、番組全体を管理している。

東京国立博物館

1872（明治5）年に開館した、日本でもっとも古い博物館。89件の国宝、648件の重要文化財（2022年3月末現在）をふくむ、東洋の美術品や歴史・民俗資料をおよそ12万点収蔵している。本館、法隆寺宝物館など、6つの展示館がある。

開館　1872年

見学できる時間　9:30～17:00
※入館は16:30まで。特別展示中は変更の場合あり

見学時間の目安　2時間

最寄りの駅　上野駅・鶯谷駅（ＪＲ線）、上野駅・根津駅（東京メトロ）、京成上野駅（京成電鉄）

日本ではじめて、万博が行われた場所！

1877（明治10）年、上野公園で「第1回内国勧業博覧会」が開かれました。102日間で入場者は45万人をこえました。1881年には第2回目も行われ、そのときの展示館が、翌年から東京国立博物館の本館となりました。

画像提供：早稲田大学図書館

国立科学博物館

400万件＊以上もの資料を収蔵する博物館。館内は大きく分けて「地球館」と「日本館」に分かれている。「地球館」では日本の科学技術の歩みをはじめ、地球上の生物や地質などについて、また「日本館」では、日本の自然の成り立ちや、日本列島での生物の進化などについて、多くの標本や模型などを用いたはば広い展示が行われている。

創立　1877年

見学できる時間　9:00～17:00（入館は16:30まで）
※金・土曜日のみ9:00～20:00まで（入館は19:30まで）

見学時間の目安　2時間

最寄りの駅　上野駅（ＪＲ線・東京メトロ）、京成上野駅（京成電鉄）

写真は、日本館にある「フタバスズキリュウ」の復元全身骨格。館内にはほかに、ふだんは目にすることのできないジャイアントパンダや絶滅したニホンオオカミの剥製などが展示されている。

＊本館と関連施設をあわせた数。

国立新美術館

独自のコレクションをもたない美術館。建物は昭和から平成にかけて活躍した建築家の黒川紀章の設計で、見どころの1つ。

広いスペースでさまざまな展覧会を開催！

開館	2007年
見学できる時間	10時〜18時（入館は17時30分まで） ※会期中の毎週金・土曜日は20時まで （入館は19時30分まで）
見学時間の目安	1時間
最寄りの駅	乃木坂駅・六本木駅（東京メトロ）、六本木駅（都営地下鉄線）

日本科学未来館

「つながり」「世界をさぐる」「未来をつくる」をテーマにした常設展を行っている。また、「科学」の視点から経済やものづくりなど身近なテーマを扱った、ユニークな企画展も行われている。

2001（平成13）年に開館した日本科学未来館は、参加体験型の展示が充実している。また、3階では、最先端のアンドロイドの展示が行われている。

開館	2001年
見学できる時間	10:00〜17:00 ※入館は閉館30分前まで
見学時間の目安	1時間
最寄りの駅	東京国際クルーズターミナル駅（ゆりかもめ）、東京テレポート駅（りんかい線）

野球殿堂博物館

プロ野球の選手が実際に使ったユニフォームやバット、グローブなど、およそ3万点を収蔵している。あこがれの選手の愛用の品をさがしてみよう。

1959年に日本初の野球専門博物館として開館。収蔵品のほか、野球を中心にスポーツ関連の図書がおよそ5万冊もそろう。

名選手のサイン入りバットやグローブもある！

開館	1959年
見学できる時間	10:00〜18:00（3月〜9月） 10:00〜17:00（10月〜2月） ※入館は閉館時間の30分前まで
見学時間の目安	1時間
最寄りの駅	水道橋駅（JR線・都営地下鉄線）、春日駅（都営地下鉄線）、後楽園駅（東京メトロ）

東京スカイツリー®

634m

地上デジタル放送などの電波を送る東京スカイツリーは、2012（平成24）年5月に開業した。「自立式電波塔」としては世界一の高さをほこる。東京スカイツリータウン®の中心に建つ東京スカイツリーは、2か所の展望台をはじめ、足下に広がる商業施設、東京ソラマチ®もあり、観光スポットとしても人気を集めている。

東京スカイツリー 天望回廊 445〜450m

ガラスばりの回廊が続く。「空中散歩」の気分を味わえる。

東京スカイツリー 天望デッキ 340〜350m

2m×3mのガラス床。足元の真下に、小さく地上が見える。

完成 2012年
見学できる時間 8:00〜22:00
見学時間の目安 1時間
最寄りの駅 とうきょうスカイツリー駅（東武スカイツリーライン）、押上駅（東武スカイツリーライン・都営地下鉄線・東京メトロ・京成電鉄）

©TOKYO SKYTREE

東京タワー

333m

東京タワーは、関東地方に地上デジタル放送やラジオ放送の電波を届けている。東京のシンボルとして人気も高く、全国各地から年間およそ250万人が訪れている。

トップデッキ 250m

メインデッキ 150m

完成 1958年
見学できる時間
9:00〜23:00（メインデッキ）
※入場は22:30まで
9:00〜22:45（トップデッキ）
※入場は22:00まで
見学時間の目安 1時間
最寄りの駅 赤羽橋駅・御成門駅・大門駅（都営地下鉄）、神谷町駅（東京メトロ）、浜松町駅（JR線）

🔽 もうひとつの東京タワー！？

夜、展望台から南側を見下ろすと、「もうひとつの東京タワー」の姿がうかび上がります。2つの通りを走る車のライトが、東京タワーの形に見えるからです。

東京駅

東京駅は、1914（大正3）年に、明治・大正期に活躍した建築家、辰野金吾の設計で建てられた。丸の内口の赤レンガ駅舎は、太平洋戦争のときの空襲でドーム型の屋根が失われ、八角屋根に改修された。2012年10月に復原工事が終わり、開業当時の姿がよみがえった。

丸の内駅舎のドーム

| 完成 | 1914年 |
| 見学時間の目安 | 30分 |

南口と北口にあるドームの高さは約35m。内部にはワシと花かざりのレリーフや、十二支にちなんだ動物の彫刻がある。

東京駅を発着する新幹線たち！

▲東京駅と新大阪駅、博多駅などを結ぶN700系。

▲東京駅と新青森駅を結ぶ、E5系はやぶさ。

東京駅周辺にはオフィス街や商業施設がならぶ

明治時代のはじめ、東京駅のそばの丸の内一帯はまだ野原でしたが、三菱商会が国からはらい下げを受けると、イギリス風の赤レンガ造りのビル街「一丁倫敦」がつくられました。今も丸の内には、多くのオフィスビルはもちろん、丸の内ビルディングや新丸の内ビルディングなどの商業施設がならんでいます。

線路がはじまる場所、ゼロキロポストをさがそう！

路線のはじまりを表す標識を「ゼロキロポスト」といいます。東京駅は東海道新幹線、東北新幹線、東海道本線、東北本線、中央本線、山手線などの路線の起点にあたり、線路際やホームの床など、あちこちに「ゼロキロポスト」が置かれています。

▲1番線中央本線。 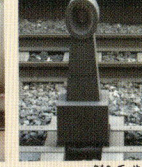 ▲4番線山手線。

▲丸の内のビル街。

> もっと知りたい！
> 東京のヒミツ！

東京ディズニーリゾートへ行こう！

東京ディズニーリゾートは、「東京ディズニーランド」と「東京ディズニーシー」から成る、日本一の入場者数をほこるテーマパークです。人気のひみつは、どこにあるのでしょうか？

東京ディズニーシー

メディテレーニアンハーバー

まるでおとぎの国のよう！
非日常（ひにちじょう）の世界を体験

東京ディズニーランドは「ウエスタンランド」など7つのテーマランドに、東京ディズニーシーは「メディテレーニアンハーバー」など、7つのテーマポートに分かれています。建物や装飾品（そうしょくひん）は、それぞれのテーマにそって、細部までつくりこまれています。まるで、おとぎの国に来たかのような気分を味わうことができるのです。

▶くずれかけた古代神（こだいしん）の石像（せきぞう）の発掘現場（はっくつげんば）を高速でかけぬける、ローラーコースタータイプのアトラクション「レイジングスピリッツ」。

◀海中をただよう不思議な体験ができる「ジャンピン・ジェリーフィッシュ」。

東京ディズニーランド

ウエスタンランド

▲999人の幽霊（ゆうれい）が住む館（やかた）を訪れるアトラクション、「ホーンテッドマンション」。

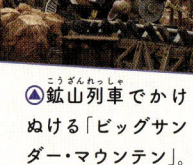

▲鉱山列車（こうざんれっしゃ）でかけぬける「ビッグサンダー・マウンテン」。

見るだけで楽しい！遊び心いっぱいの食べ物

東京ディズニーリゾートでは、訪れた人々を「ゲスト」とよびます。ゲストの想像力をかき立てるくふうは、アトラクションだけでなく、提供される食べ物にもほどこされています。

人気キャラクターをモチーフにした、ユニークなメニューもその1つ。食べ物を味わうだけでなく、目で見て楽しむこともできるのです。

東京ディズニーランド限定

▲ミッキーチュロス。

▲ミッキーワッフル（メイプルソース）。

東京ディズニーランド限定

▲『モンスターズ・インク』のキャラクター、マイクがモチーフのマイクメロンパン。

▲ミッキーマウスのグローブがモチーフのグローブシェイプ・チキンパオ。

▲チキンナゲット。

※メニューは品切れや内容が変更になる場合があります。

ゲストの安心や安全を守る、さまざまな設備

東京ディズニーリゾートを訪れる人は、1年間におよそ3000万人（2019年度）。おとなから子どもまで、だれもが安心して楽しめるよう、パーク内には、さまざまな設備があります。

たとえば、ベビーカーや車いすの貸し出しを行う場所や、赤ちゃんのおむつをかえるためのベッドがそなえられた場所など。また、気分が悪くなった人、けがをした人のために、救護室も設けられています。

▲ベビーカーや車いすの貸し出しを行う施設。

▶東京ディズニーランドの「トゥーンタウン」内にあるベビーセンター。赤ちゃんにミルクをあげたり、おむつをかえたりできる部屋。

🔽出会えたらラッキー！「ドリームコンダクター」

東京ディズニーリゾートのことを知りつくすのが「ドリームコンダクター」です。パーク内をどのようにめぐればよいか、ゲストにコースの提案をしたり、おすすめのショーやイベントを案内したりと、ゲストの「夢」をかなえる手助けをしています。

ドリームコンダクターは、いつ、どこにいるのか決まっていません。もしパーク内で出会うことができたら運がよい証拠！　胸につけたバッジが目印なので、さがしてみましょう。

ほかにも、ゲストが楽しく1日を過ごせるよう、パーク内を清潔に保つカストーディアルキャストなど、さまざまな人が働いています。

▲ドリームコンダクターのバッジ。（2013年時点）

©Disney　©Disney／Pixar

37

東京のグルメ

ランチにおすすめ！

❶ 明治時代から続く、老舗洋食店の味！

ポークカツレツ　元祖オムライス

明治時代に花開いた、日本の洋食文化（27ページ）。銀座にある煉瓦亭は、1895（明治28）年に開業した老舗洋食店。現在も、創業当時のおもかげを残す洋食メニューを味わうことができる。

アサリがどっさり！　深川めし

深川めしは、アサリをみそ仕立ての汁で煮て、ごはんにかけて食べる料理。昔、アサリやカキがとれる漁場として知られた、東京都江東区で生まれた漁師料理だといわれている。また、アサリをしょうゆ風味の汁で炊きこみごはんにしたものも、深川めしとよばれている。

❷ ハイカラなまち、銀座で生まれたあんぱん

1869（明治2）年に創業した銀座木村家のあんぱん。ふつう、パンづくりで用いられるイースト酵母ではなく、「酒種酵母」を用いているのがおいしさのひみつだ。ふっくらおいしい老舗のあんぱんを、ぜひ、味わってみよう！

駄菓子屋の人気メニューが東京名物に！　もんじゃ焼き

東京名物といえば、もんじゃ焼きを思いうかべる人も多いのでは？　鉄板で生地や具を焼き、「はがし」という小さなヘラではがし取って食べる。東京で長年親しまれてきた味を体験しよう。

ポークカツレツ・オムライス　煉瓦亭 ❶
営業時間【昼】11:15〜15:00（ラストオーダーは14:15）
　　　　　【夜】16:40〜21:00（ラストオーダーは20:30）
※ただし、土曜・祝日夜の終了時間は20:45、ラストオーダーは20:00
定休日 日曜日　☎ 03-3561-3882

あんぱん　銀座木村家（銀座本店） ❷
営業時間 10:00〜21:00
定休日 12/31、1/1　☎ 03-3561-0091

東京で味わいたい、1000円前後の食事や、おみやげにもぴったりな名物を紹介します！

> おやつやおみやげにおすすめ！

3 東京スカイツリー®のキャラクター、ソラカラちゃんのパフェ

34ページに登場した東京スカイツリー。建物内にあるSKYTREE CAFEでは、人気キャラクター、ソラカラちゃんをモチーフにしたパフェなど、おいしいデザートが食べられる。東京スカイツリーがえがかれたモナカがのった、「スカイソフト」も人気。

©TOKYO-SKYTREE

4 四季折々の絵柄がかかれた瓦せんべい

小麦粉を原料としている瓦せんべい。松﨑煎餅は、1804年に創業した、歴史ある店だ。季節にぴったりの絵柄をえがいたもののほか、正月やバレンタインなど、行事にゆかりの絵柄をえがいたせんべいもある。

5 ひよ子の中に、あま〜いあんがぎっしり！

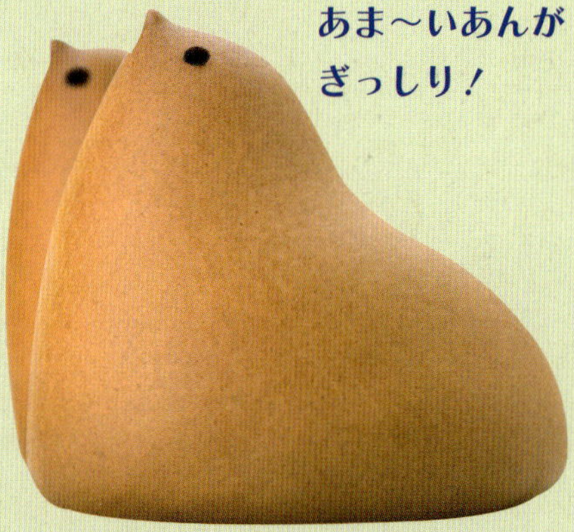

かわいらしいヒヨコの形をしたまんじゅう。中には、インゲンマメを使用したなめらかな白あんがつまっている。東京みやげとして知られる一品だ。

---

3 ソラカラちゃんパフェ・スカイソフト　SKYTREE CAFE
営業時間 8:00〜21:45 ※ラストオーダーは21:15
定休日 無休

4 江戸瓦暦　松﨑煎餅本店
営業時間【平日】10:00〜20:00【土曜日】10:00〜20:00
【日曜日・祝日】11:00〜19:00
定休日 無休　☎ 03-3561-9811

5 ひよ子　東京ひよ子
※東京都内に店が複数あるので、行き先に近い場所を調べておこう。

東京の小物

旅のよい思い出になりそうな、東京の小物を見てみましょう！

1 和紙が、じゃばら折りの便箋に！

創業200年の和紙店の便箋。便箋がじゃばら折りになっており、好きな長さの手紙が書ける。コンパクトな手のひらサイズ。

2 ふわふわ、もこもこのマスコット

ソラカラちゃん
テッペンペン
スコブルブル

©TOKYO-SKYTREE

東京スカイツリー®の人気公式キャラクター、ソラカラちゃん、テッペンペン、スコブルブルのマスコットキーホルダー。もこもことした質感もかわいらしい。

3 食品サンプルのおいしそうな小物！

マグネット
小物入れ

浅草のそばにある「合羽橋」というまちは、食品サンプルづくりがさかん。合羽橋にある「元祖食品サンプル屋」では、食品サンプルづくりの体験学習も行われている。食品サンプルを利用した小物は、遊び心のあるおみやげになりそう。東京スカイツリータウンにも店がある。

4 東京限定のポスタルグッズ

東京ならではのモチーフをデザインしたカードやマスキングテープ。ご当地フォルムカードは、各都道府県を代表するものをかたどったカードで、裏面に手紙を書けるようになっている。東京では、東京駅丸の内駅舎や、東京タワーをかたどったカードを手に入れられる。マスキングテープは、東京中央郵便局だけで手に入れられる限定品だ。

ご当地フォルムカード
マスキングテープ

---

1 ちいさい蛇腹便箋　はいばら
営業時間　10:00〜18:30
※土曜日、日曜日は10:00〜17:30
定休日　祝日、年始年末　☎ 03-3272-3801

2 マスコット　東京スカイツリー THE SKYTREE SHOP
営業時間　8:00〜21:45
※天望デッキフロア345は21:30まで
定休日　無休　☎ 03-5809-7682

3 食品サンプルの小物　元祖食品サンプル屋 合羽橋ショールーム
営業時間　10:00〜17:30
定休日　無休　☎ 0120-17-1839

4 ポスタルグッズ　東京中央郵便局
営業時間　9:00〜21:00
※土曜日、日曜日、祝日は18:00まで
定休日　無休　☎ 0570-001-736

東京マメじてん

旅行をするとき、知っておくと楽しみがふえる豆知識を紹介します！

あ

【アメヤ横丁】

太平洋戦争後、貧しかった日本には「闇市」とよばれる、通常手に入れることのできない商品を売っている市場があった。上野にあるアメヤ横丁商店街、通称「アメ横」も、かつては上野駅のまわりにあった闇市だ。

「アメ横」とよばれるようになったのは、砂糖や洋服など、アメリカ軍からの横流し品を売っていたことや、飴を売っているお店が並んでいたことに理由があるのではないかと考えられている。

現在でも毎日10万人以上の買い物客が訪れ、生鮮食品やお菓子をはじめ衣類や薬など、ありとあらゆる商品がならぶ、活気のある商店街だ。

【江戸の範囲】

明治時代以前、東京は江戸というまちだった。とはいえ、その大きさは現在の東京都とはことなる。安土桃山時代、徳川家康が江戸にやって来たころは、ほとんど整備のされていない場所だった。

その後、江戸のまちは上水道などが整備され、大きく活気のあるまちとなっていった。発展していくにつれて、たくさんの新しい町が生まれたが、元々はほとんど何もない場所だったので、1818年、当時の徳川幕府は「どこまでが江戸なのか」を決めることになる。こうして、現在の千代田区・中央区・港区・新宿区・文京区・台東区・江東区・品川区の一部・渋谷区・豊島区・北区の一部・板橋区の一部・荒川区にあたる場所が江戸と定められた。

【お台場】

たくさんの商業施設、科学館や博物館などの観光施設があるお台場。正式な地名ではなく、港区台場、品川区東八潮、江東区青海の一部からなる地域のことをお台場という。

その由来は、江戸時代末期につくられた品川台場という砲台にある。鎖国を続けていた日本はアメリカから黒船に乗ってペリーが来航すると、江戸を海外の脅威から防衛する必要があったのだ。江戸幕府は東京湾を埋め立て、砲台を設置した。これが品川台場である。実際に大砲がうたれることはなかったが、東京湾の一部が埋め立てて開発されるにつれて大きくなり、台場という名称が残った。

か

【雷おこし】

「おこし」とは、米を蒸かした後、炒ったものを砂糖や水飴で固めてつくったお菓子のことで、平安時代からあったとされている。

江戸時代後半より、台東区の浅草では、浅草寺の雷門にあやかって「雷おこし」として売られている。雷除けのおまじない、または縁起ものとしても喜ばれ、現在も大人気の東京みやげだ。

【国立国会図書館】

日本で一番大きな図書館が、千代田区にある国立国会図書館だ。国会議事堂のそばにあり、1948年の発足以来、日本国内で出版されたすべての本を集め、保管している。一般的な図書館にくらべて本の数が非常に多いため、棚ではなく書庫に保存されている。利用者は受付で本を請求して閲覧するため、書庫に入ることはない。台東区には国際子ども図書館があり、国内外の児童書を集めている。

東京マメじてん

さ

【サンシャインシティ】

豊島区池袋のランドマークであるサンシャインシティ。地上60階建てのサンシャイン60を中心とした複数の建物には水族館やプラネタリウムなどのアミューズメント施設、博物館や劇場、さらにはホテルなどがある大型複合商業施設だ。

東京拘置所の跡地に1978（昭和53）年にオープンし、以来毎日たくさんの人々でにぎわいをみせている。

【下町】

都市の市街地のうち、低地にある地区のことを下町という。江戸時代は、江戸城や、そのまわりの武家屋敷などが立ちならぶ中心部が「山の手」であり、台東区・千代田区・中央区から隅田川以東にわたる区域が下町であった。

下町には下級武士や商人、職人などが住んでおり、活発に商売が行われていた。おもに職人たちが使っていた言葉は下町言葉とよばれ、「べらんめえ」「ちょいと」「やなこった」といった独特の口調で会話がなされていた。

た

【地下鉄】

1927（昭和2）年、浅草―上野間を結んだ日本初の地下鉄「東京地下鉄道」が開通した。これが現在の銀座線で、アジア初の地下鉄でもあった。その後、10年かけて路線を渋谷までのばし、太平洋戦争後には丸ノ内線、日比谷線、東西線と路線数を増やしていった。

現在、東京メトロと都営地下鉄で13路線、300に近い数の駅があり、1日の平均利用者数はおよそ990万人にものぼる。

【忠犬ハチ公像】

渋谷駅前にある銅像。ハチは大正時代に帝国大学（今の東京大学）の教授に飼われていた秋田犬で、毎日、教授を大学や渋谷駅まで送り迎えしていた。教授が亡くなった後も、渋谷駅まで教授を探しにいっていたハチのことが新聞記事に紹介され、後に銅像が建てられた。ハチの話は、日本ではもちろん、海外にも紹介され、映画も制作された。

【佃煮】

佃煮は、小魚や貝などをしょう油と砂糖で甘辛く煮た、東京生まれの料理。佃煮が生まれたのは、安土桃山時代に起こったある出来事がきっかけだ。

織田信長が明智光秀に攻められ、京都の本能寺で亡くなったとき、徳川家康はわずかな家臣とともに大阪にいた。もしも、織田方の家康が明智光秀に見つかれば命が危ないため、家康の一行は、すぐに本拠地である岡崎城（愛知県）へ向かおうとした。しかし、途中、川をわたる舟がなく足止めとなってしまった。そんな家康に舟を差し出したのが、大阪にあった「佃村」の漁師たちだった。

その後、江戸幕府を開いた家康は、命の恩人である佃村の漁師たちを江戸によびよせ、東京湾で漁を行わせた。その漁師たちが、たくさんとれた小魚を煮て売るようになったのが「佃煮」だといわれている。

▶イカナゴの佃煮。ほかに、アサリの佃煮などもある。

【東京水】

東京の水道水は、利根川、荒川、多摩川の水をもととしている。これらの水は浄水場で浄水処理が行われ、飲み水になる。高度浄水処理が行われた東京の水道水は、安全でおいしい「東京水」としてペットボトルにつめられ、東京都庁や上野恩賜公園などで販売されている。

◀「安全でおいしい水プロジェクト」の1つとしてつくられた。

【東京の由来】

江戸時代が終わり、明治時代となった1868年、江戸は東京へとその名を改めた。「東京」とは「東の方にある都」という意味だ。1890年ごろまでは、「トウキョウ」ではなく「トウケイ」とよぶこともあった。そのころの小説の中には、積極的に「トウケイ」と読ませるものもあり、京都との差別化をする意図があったと考えられている。

その後、国として教科書をはじめてつくったときに、「トーキョー」とよみがなが統一された。

な

【日本橋の麒麟像】

日本橋は、江戸時代の五街道（東海道、中山道、甲州街道、日光街道、奥州街道）の起点の橋だ。はじめは木造だったが、1911（明治44）年に石造のものにかけかえられた。橋の中央の柱に、麒麟の像が置かれたのはこのときだ。

麒麟は中国の想像上の動物で、からだは鹿、尾は牛、ひづめは馬、額はオオカミに似ていて、1本の角をもつと伝えられる。本来、羽をもたない生き物だが、日本橋の麒麟像には、「ここから日本の各地へ飛び立つ」というイメージのもと、羽のような背びれがつけられている。

は

【聖橋】

神田川にかかるアーチ形の美しい橋。橋の両岸には湯島聖堂とニコライ堂がある。1923（大正12）年に関東大震災が発生して、東京のまちは大きな被害にあい、当時かけられていた橋も、ほとんどがこわれてしまった。その後、東京の復興事業が進められ、1927（昭和2）年に聖橋がつくられた。名前は一般の人々から募集され、2つの聖堂をつなぐ橋だということで「聖橋」となった。

や

【湯島聖堂】

1690年、5代将軍徳川綱吉が中国の思想家・孔子を祀るために建てた聖堂（東京都千代田区）。孔子は儒教を開いた人で、聖堂と一緒に儒学を教える塾もつくられた。1797年には、塾を幕府の家臣の子弟に学問を教えるところとなり、昌平坂学問所と名づけられた。ここは「日本の学校教育発祥の地」ともいわれている。

ら

【両国国技館】

大相撲の初場所（1月）、夏場所（5月）、秋場所（9月）が行われる場所。正式名は國技館。墨田区の「両国」にある。

昔は寺の境内などで相撲を行っていたが、天候に左右されるため、明治時代の末に相撲のための建物を両国に建設することが決まった。このとき、作家で相撲好きだった江見水蔭が「角力（相撲）は日本の国技」という文章を書いたことから、国技館と名づけられ、人々の間でも相撲が国技という考えが広まっていった。国技館は、1954年に蔵前（東京都台東区）にうつされたが、1984（昭和59）年に両国にもどされた。観客席の数は約1万500。館内には相撲博物館もある。

【路面電車】

道路上につくられた軌道を走る電車。かつては東京でも40以上の路面電車が走っていたが、現在は都電荒川線と東急世田谷線だけが残っている。

都電荒川線は1911（明治44）年に一部区間で開業し、今は三ノ輪橋ー早稲田間の約12.2kmを結んでいる。市街地の景色を楽しみながら移動することができる。東急世田谷線は1925（大正14）年に三軒茶屋ー下高井戸（東京都世田谷区）間で開業した。現在は道路上ではなく専用の軌道を走っている。

43

名所さくいん

この本に出てくる名所を集めました。数字は、名所についての説明がのっているページです。

あ
- 秋葉原（あきはばら） ………………………… 9、29
- 浅草神社（あさくさじんじゃ） ………………………… 17
- アメヤ横丁（よこちょう） ………………………… 41
- 上野恩賜公園（うえのおんしこうえん） ………………………… 17、22
- 江戸東京博物館（えどとうきょうはくぶつかん） ………………………… 23
- NHK放送センター（エヌエイチケー） ………………………… 28
- お台場砲台跡（だいばほうだいあと） ………………………… 9、17、41

か
- 外務省（がいむしょう） ………………………… 11
- 霞ヶ関官庁街（かすみがせきかんちょうがい） ………………………… 11
- 寛永寺（かんえいじ） ………………………… 17、22
- 環境省（かんきょうしょう） ………………………… 11
- 神田神社（かんだじんじゃ） ………………………… 16
- 旧岩崎邸庭園（きゅういわさきていていえん） ………………………… 25、26
- 旧新橋停車場（きゅうしんばしていしゃじょう） ………………………… 25、26
- 銀座（ぎんざ） ………………………… 9、27
- 経済産業省（けいざいさんぎょうしょう） ………………………… 11
- 迎賓館赤坂離宮（げいひんかんあかさかりきゅう） ………………………… 24
- 小石川後楽園（こいしかわこうらくえん） ………………………… 16
- 皇居（江戸城跡）（こうきょ えどじょうあと） ………………………… 17、18
- 厚生労働省（こうせいろうどうしょう） ………………………… 11
- 国土交通省（こくどこうつうしょう） ………………………… 11
- 国立科学博物館（こくりつかがくはくぶつかん） ………………………… 29、32
- 国立国会図書館（こくりつこっかいとしょかん） ………………………… 13、41
- 国立新美術館（こくりつしんびじゅつかん） ………………………… 28、33
- 国立西洋美術館（こくりつせいようびじゅつかん） ………………………… 29
- 国会議事堂（こっかいぎじどう） ………………………… 10、12

さ
- 最高裁判所（さいこうさいばんしょ） ………………………… 10、14
- 財務省（ざいむしょう） ………………………… 11
- サンシャインシティ ………………………… 9、42
- 品川神社（しながわじんじゃ） ………………………… 16
- 渋谷駅（しぶやえき） ………………………… 42
- 浅草寺（せんそうじ） ………………………… 9、17、21、41
- 増上寺（ぞうじょうじ） ………………………… 17
- 総務省（そうむしょう） ………………………… 11
- 総理大臣官邸（そうりだいじんかんてい） ………………………… 11

た
- TBSテレビ（ティービーエス） ………………………… 28
- テレビ朝日（あさひ） ………………………… 28
- テレビ東京 ………………………… 29
- 東京駅（とうきょうえき） ………………………… 9、29、35
- 東京国立近代美術館（とうきょうこくりつきんだいびじゅつかん） ………………………… 29
- 東京国立博物館（とうきょうこくりつはくぶつかん） ………………………… 29、32
- 東京証券取引所（とうきょうしょうけんとりひきじょ） ………………………… 11
- 東京スカイツリー ………………………… 8、29、34
- 東京大学赤門（とうきょうだいがくあかもん） ………………………… 17、20
- 東京タワー ………………………… 29、34
- 東京ディズニーリゾート ………………………… 36
- 東京都庁（とうきょうとちょう） ………………………… 9、28

な
- 内閣府（ないかくふ） ………………………… 11
- ニコライ堂（東京復活大聖堂）（どう とうきょうふっかつだいせいどう） ………………………… 25、43
- 日本科学未来館（にっぽんかがくみらいかん） ………………………… 29、33
- 日本銀行本店（にっぽんぎんこうほんてん） ………………………… 11、15
- 日本サッカーミュージアム ………………………… 29
- 日本テレビ（にほん） ………………………… 29
- 日本橋（にほんばし） ………………………… 17、23、43
- 農林水産省（のうりんすいさんしょう） ………………………… 11

は
- 浜離宮恩賜庭園（はまりきゅうおんしていえん） ………………………… 17、20
- 原宿（はらじゅく） ………………………… 9、28
- 日枝神社（ひえじんじゃ） ………………………… 16
- 聖橋（ひじりばし） ………………………… 43
- フジテレビ ………………………… 9、29、30
- 防衛省（ぼうえいしょう） ………………………… 10
- 法務省（ほうむしょう） ………………………… 11
- 法務省旧本館（ほうむしょうきゅうほんかん） ………………………… 25

ま
- 明治神宮（めいじじんぐう） ………………………… 24
- 文部科学省（もんぶかがくしょう） ………………………… 11

や
- 野球殿堂博物館（やきゅうでんどうはくぶつかん） ………………………… 28、33
- 湯島聖堂（ゆしませいどう） ………………………… 43
- 湯島天神（湯島天満宮）（ゆしまてんじん ゆしまてんまんぐう） ………………………… 17

ら
- 六義園（りくぎえん） ………………………… 17、20
- 両国国技館（りょうごくこくぎかん） ………………………… 43
- 鹿鳴館跡（ろくめいかんあと） ………………………… 25

監修　山本博文（やまもとひろふみ）

東京大学教授。文学博士。東京大学大学院人文科学研究科を修了。近世政治史を中心として、武士の社会史や幕臣の出世、大奥女中の組織学などについて研究を行っている。著書に『切腹』（光文社）、『江戸を読む技法』（宝島社）、『現代語訳 武士道』（筑摩書房）、『歴史をつかむ技法』（新潮社）など。

本文イラスト	辻 ヒロミ
地図制作	齋藤直己・鈴木将平（マップデザイン研究室）
装丁デザイン	倉科明敏・林 淳介（T.デザイン室）
企画・編集	渡部のり子・山崎理恵・西塔香絵（小峰書店） 中根会美（オフィス303）
文	武田元秀
本文デザイン	淺田有季（オフィス303）

取材・写真協力

浅草神社／株式会社オリエンタルランド／株式会社東京ひよ子／株式会社榛原／株式会社フジテレビジョン／元祖食品サンプル屋／旧岩崎邸庭園／銀座木村家／宮内庁／小石川後楽園／国立科学博物館／国立新美術館／国立歴史民俗博物館／国会議事堂／最高裁判所／参議院事務局／品川神社／衆議院憲政記念館／浅草寺／増上寺／総理大臣官邸／東京国立博物館／東京証券取引所／東京都江戸東京博物館／東京都立図書館／東武タワースカイツリー株式会社／内閣府／ニコライ堂（東京復活大聖堂）／日本科学未来館／日本銀行／浜離宮恩賜庭園／日枝神社／東日本鉄道文化財団／photolibrary／法務省／ポスタルスクウェア／松﨑煎餅／明治神宮／野球殿堂博物館／湯島天神／横浜市中央図書館／六義園／煉瓦亭／早稲田大学図書館／和楽紅屋

事前学習に役立つ　みんなの修学旅行　東京

2014年4月8日　第1刷発行　　2022年8月10日　第5刷発行

監修者　山本博文
発行者　小峰広一郎
発行所　株式会社小峰書店
　　　　〒162-0066 東京都新宿区市谷台町4-15
　　　　TEL 03-3357-3521　FAX 03-3357-1027
　　　　https://www.komineshoten.co.jp/
印刷・製本　図書印刷株式会社

© Hirofumi Yamamoto 2014 Printed in Japan
NDC 374　44p　27×19cm　ISBN978-4-338-28403-5
乱丁・落丁本はお取り替えいたします。

本書のコピー、スキャン、デジタル化等の無断複製は著作権法上での例外を除き禁じられています。本書を代行業者等の第三者に依頼してスキャンやデジタル化することは、たとえ個人や家庭内での利用であっても一切認められておりません。

各地の名物料理

その土地の名産物を使った名物の数々。旅行先で、ぜひ味わってみましょう！

奈良
柿の葉で包んだ、柿の葉寿司

沖縄
豚のあばら肉を使ったソーキそば

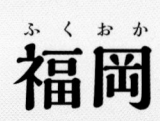

福岡
とんこつスープが決め手の博多ラーメン

長崎
海鮮や肉、野菜がたっぷりのちゃんぽん